KB125089

학부모와 더불어 일하기

Parents and Teachers Working Together
Copyright ⓒ 2017 by Brett J. Novick

All rights reserved.
No part of this book may be used or reproduced in any manner whatever without
written permission except in the case of brief quotations embodied in critical
articles or reviews.

Korean Translation Copyright ⓒ 2020 by Eduniety
Korean edition is published by arrangement with Rowman &Littlefield through BC
Agency

이 책의 한국어판 저작권은 BC에이전시를 통해 저작권자와 독점계약을 맺은 에듀니티에
있습니다. 저작권법에 의해 한국 내에서 보호를 받는 저작물이므로 무단전재와 복제를 금
합니다.

| 교사를 위한 학부모 응대 가이드 |

학교의 가장 중요한 파트너
학부모와
더불어 일하기

브렛 노빅 지음

이혁규 강성우 이영아 옮김

에듀니티

일러두기

1. 본문의 각주는 모두 역자의 설명입니다.
2. 참고 문헌은 원서 그대로 미주 처리했습니다.
3. 책은 『 』, 언론사, 영화명, 프로그램명은 〈 〉로 표기하였습니다.

교사와 학부모의
아름다운 동맹을 꿈꾸며

　오늘날 학교 교원들이 직면한 어려움 중에 하나는 학부모와의 관계이다. 학부모가 제기한 민원을 해결하느라 많은 학교가 골머리를 앓는다. 신세대 학생들을 대하는 것만으로도 벅찬 교사들에게 학부모는 함께 교육하는 동반자요, 지원군이라기보다는 응대하기 어려운 손님이요, 훼방꾼인 경우가 많다. 왜 이런 현상이 발생할까?

　교사들은 교대나 사범대를 다니는 동안 학교의 가장 중요한 파트너인 학부모를 어떻게 대하고 협력해야 하는지 거의 배우지 못한 채 교육 현장에 나간다. 그리고 대개 학교 현장에서 처음 접하는 학부모는 자녀 문제로 민원을 제기하거나 항의하는 학부모다. 새내기 교사로서 학교에 제대로 적응하기도 전에 이런 학부모를 만나면 교사는 엄청난 내상을 입는다.

학부모도 교사와 어떻게 관계를 맺어야 할지 제대로 배운 적이 없다. 이 책의 1장에서 언급하는 것처럼 대부분의 학부모는 자기의 학창 시절 경험에 비추어 교사와 학교에 대해 판단한다. 불행하게도 현재의 학부모들이 학생이던 시절의 학교는 대개 권위주의적이고 억압적이었다. 학창 시절에 이유 없이 차별이나 체벌을 당한 학부모도 많다. 이런 학창 시절의 경험이 학교에 대한 두터운 선입견을 형성하고, 그 결과 자기 자녀에게 문제가 생기면 자기도 모르게 공격적인 반응을 표출한다.

결국 자녀의 성장을 위한 건설적인 동반자가 되기 위해서는 학교 교원과 학부모 모두에게 새로운 학습이 필요하다. 그러나 한국의 교육계에는 학부모와 관련된 실천적인 연구가 그다지 많이 축적되어 있지 않다. 학부모이면서 교원이기도 한 역자들이 아마존에서 학부모 관련 책을 검색하고 그중 한 권을 번역하기로 마음먹은 것도 이 때문이다. 오늘날의 공교육 제도는 국경을 넘어서 보편성을 지니고 있고, 교사와 학부모 간의 갈등도 어느 정도 보편적인 양상을 띠고 존재한다. 따라서 외국의 선행 경험을 참고하는 것이 우리에게 도움이 된다. 물론 한국에서도 앞으로 교사와 학부모의 관계에 대한 광범위한 연구와 함께 실천적 지침서들이 많이 집필되어야할 것이다.

이 책은 미국의 상황에서 집필된 것이라 한국에 바로 적용하기에는 한계가 많다. 그러나 학부모를 응대하는 교사들이 학부모가 학교에 대해 지닌 생각을 이해하고, 자기 자신을 돌아보고 성찰하는 데 도움을 받을 수 있다. 나아가 다양한 유형의 학부모를 이해하고 슬기롭게 대처하는 방식과 관련하여 이 책은 적지 않은 시사점을 제공한다. 특히 학부모가 처한 다양한 삶의 지평을 이해한 바탕에서 자녀 양육에 도움이 되는 세세한 지침을 마련해보려는 저자의 태도는 우리에게 많은 교훈을 준다.

역자의 입장에서 독자들이 이 책을 읽는 방법을 조언하자면, 교직원의 유형이나 학부모의 유형 및 그에 대처하는 세세한 지침을 그대로 따를 필요는 없다. 학교가 처한 상황과 문화적 맥락이 다르기 때문이다. 오히려 이 책을 창조적으로 읽는 방식으로, 저자가 책 전체를 통해서 제기하는 질문들을 우리의 맥락에서 다시 해석하여 물어보고 해결책을 생각해볼 것을 권한다.

예컨대, 한국의 학교에서 교사와 학부모는 왜 불화하는가? 교사로서 우리 자신은 학부모를 암묵적으로 어떻게 유형화하고 있으며 그 이유는 무엇일까? 교사로서 우리는 학생을 넘어 학부모들을 그들의 삶의 지평에서 제대로 이해하고자 노력하고 있는가? 한국의 학부모들은 학창 시절의 경험을 넘어서 학교를 있는 그대로 편견 없이 바라보려고 하는가? 학부모로서 우리 자신은 자기 자녀의 성장이라는 좁은 렌즈를 넘어 공공성을 배우는 협력의 장으로 학교를 이해하려고 하는가? 그런 새로운 역할과 관련하여 학부모로서 무엇을 할지 생각해본 적이 있는가? 교사와 학부모가 자녀 교육의 생산적 파트너가 되려면 어떤 문화와 제도가 필요한가? 등등.

이 책이 그런 질문을 촉발하는 작은 마중물이 되기를 염원해 마지않는다. 이런 질문과 함께 다양한 현장 사례의 수집과 새로운 실천들이 모색되어야 할 것이다. 앞으로 기회가 되면 관심 있는 분들과 함께 한국적 맥락에서 '교사와 학부모가 더불어 일하는 안내서'를 제대로 집필해볼 수 있기를 희망한다. 굳이 우리 역자들이 아니더라도 그런 연구자와 실천가 들이 많이 나올 수 있기를 바란다. 이런 작업을 통해 교원과 학부모가 함께 협력하면서 학생들의 성장을 지원하는 아름다운 학교가 많이 탄생하기를 열망한다.

어려운 출판 환경에서도 책의 번역을 허락해준 에듀니티의 김병주 대표와 책임 있게 번역과 교정 작업, 편집 작업을 함께 한 공역자와 편집자들에게도 감사드린다. 꼼꼼한 교정 작업이 아니었으면 이만큼 쉽게 읽힐 수 있는 책이 되지 못했을 것이다. 아울러 미국의 원저자인 브렛 노빅^{Brett J. Novick} 교수께도 감사를 드린다.

2020년 가을

역자를 대표하여 이혁규 씀

추천인 서문

왜 학부모들이
까다로워졌을까?

사람들은 교사가 10대의 임신, 약물 남용, 가족 붕괴 같은 사회 문제를 다루어주기를 기대한다. 그리고 자기 자녀들도 교육해주기를 기대한다.

- 존 스컬리(John Sculley)*

애플^{Apple} 사의 전 CEO 존 스컬리의 이 말은 20년이 넘도록 교육 평론가와 전문가들에게 자주 인용된다. 이 말은 어느 때보다도 우리가 사는 이 시대에 잘 들어맞는다.

'가족이라는 가치^{family values}'는 여전히 대중적 공감을 얻고 있지만 그 의미는 점점 모호해지고 있다. 아동과 10대들은 또래 집단,

미디어, 가족으로부터 상충하는 메시지를 접한다. 부모와 교사들은 아동과 10대들에게 '나쁜 영향을 미치는 것, 예컨대 마약이나 섹스 등을 피하라'고 조언한다. 그러나 자극적인 이미지와 괴롭힘, 자기편 향으로 가득 찬 소셜 미디어 때문에 부모와 교사의 충고는 학생들 에게 가닿지 못한다.

발달 단계상 10대에 접어들면 아이들은 가족보다는 또래 친구 들과 어울리는 데 집중한다. 그래서 또래의 영향력에 더 쉽게 휘둘 린다. 이제 또래 집단의 영향력은 페이스북, 인스타그램, 트위터, 유 튜브 그리고 문자 대화 내용을 부모에게 숨기기 위해 사용하는 다 양한 앱을 통해 엄청나게 광범위해졌다. 가족의 영향력에서 벗어나 또래를 중시하는 변화도 전보다 더 일찍 나타난다. 부모들은 8년 전 의 10살 아이보다 오늘날의 10살 아이가 친구들의 영향을 훨씬 더 많이 받으며, 성인용 콘텐츠에도 훨씬 더 많이 노출된다고 이야기한 다. 부모들은 자녀 교육에 대한 영향력을 점점 상실하고 있다고 느 낀다. 이러한 통제력의 상실은 좌절과 분노를 불러일으키고, 때로는 이를 멈추거나 되돌릴 수 없다는 사실에 절망하게 한다.

사실 부모들이 이런 걱정을 하는 것도 당연하다. 미국 고등학생 의 거의 절반이 성관계를 경험했고, 그중 41%는 콘돔을 사용하지 않는다(미국질병관리센터CDC, 2013). 성병 환자 중 약 절반가량이 10 대 또는 대학생 때 감염된다고 하며, 2013년에는 새로이 확진된 에 이즈 환자 중 1만 명이 25세 미만이었다(CDC).

미국의 10대 출산율이 떨어지고 있다고는 하지만 여전히 캐나 다를 포함한 여타 선진국보다 훨씬 높으며, 라틴계 청소년(1천 명당 38명)과 아프리카계 청소년(1천 명당 34.9명)의 출산율은 백인 청소년(1천 명당 17명)의 두 배에 이른다(미국보건복지부US Department of Health&Human Services, 2014). 청소년 출산의 약 89%는 혼외 출산이며, 약 77%는 계획되지 않은 임신이다. 상당수의 청소년이 어린 나이에 성관계를 가지며, 이에 대해 온전히 책임지지 못한다. 많은 부모가 밤잠을 설치며 걱정하는 것도 무리가 아니다.

더 놀라운 것은 10대들이 술과 약물 남용에까지 노출된다는 점이다. 2014년 조사에 따르면, 8학년 학생의 9%, 10학년의 23.5%, 12학년의 37.4%가 지난달에 술을 마신 적이 있다고 했고, 거의 20%의 학생들이 지난 2주 이내에 과음한 적이 있다고 답했다(미국국립약물남용연구소National Institute on Drug Abuse, 2014).

마리화나 사용에 대해서는 8학년 학생의 12%와 고등학교 3학년의 1/3 이상이 사용한 적이 있다고 응답했다. 고등학생의 80% 이상, 중학생의 1/3 이상이 '마리화나를 구하기 쉽다'라고 답했으며, 고등학교 학생의 약 44%가 자신의 고등학교에서 마약을 판매하는 학생을 알고 있다고 했고, 12~17세 아이들 중 75%는 소셜 미디어에서 또래 아이들이 알코올 또는 약물과 함께 '파티 하는partying' 장면을 보면 그들과 똑같이 하고 싶어진다고 응답했다(중독과 약물 남용에 대한 국립센터National Center on Addiction and Substance Abuse, 2012).

10대의 헤로인 사용이 더 늘지는 않고 있지만 교외 지역에서도 쉽게 헤로인을 구할 수 있으며, 12학년 학생들의 29.7%, 8학년의

12.6%가 원하기만 하면 헤로인을 구할 수 있다고 답했다(CDC, 2014). 10대와 20대 초반의 약물 과다 복용으로 인한 사망률은 지난 10년 동안 두 배로 증가하여 2011~2013년에는 10만 명당 7.3명에 달하였다(미국보건정책연구소Trust for America 's Health, 2015). 따라서 부모들의 걱정에는 타당한 이유가 있다고 볼 수 있다.

아이들 주변에 부정적인 영향을 주는 것들이 너무나 많아서 부모들은 자녀들의 삶에 긍정적인 영향력을 미칠 수 있는 것들을 찾게 된다. 자녀들이 집보다 학교에서 점점 더 많은 시간을 보내니 부모들은 당연히 학교를 떠올린다. 실제로 교육에는 사람들의 삶을 바꿀 수 있는 강력한 힘이 있다. 일반적으로 고등 교육을 받을수록 생활수준이 높아진다. 고등학교 교육을 받은 사람들은 평균적으로 중퇴자보다 더 오래 살고, 더 건강하며, 더 많은 돈을 번다. 그래서 부모들은 좋은 교육이 자녀의 장래성을 키워줄 것이라 기대한다.

학교는 다른 긍정적인 영향도 준다. 예술, 음악, 과학 등의 수업은 호기심을 자극하고, 관심을 끌며, 성장을 촉진하고 학업을 지속할 수 있도록 학생들을 이끈다. 스포츠는 신체적, 정신적으로 도전할 기회를 주고, 동료들과 건강한 관계를 갖도록 해준다. 클럽과 동아리는 학생들이 같은 생각을 지닌 친구들과 결속하여 인지적, 사회적으로 성장하도록 돕는다.

하지만 좋은 교육에는 재정적 지원이 필요한데, 미국의 학교 예산은 점점 더 줄어들고 있다. 경제가 취약해짐에 따라 공립학교에 지원되는 세금은 부족해지기만 하고, 학비가 비싼 사립학교에 지원하는 학생 수도 줄어 대부분의 학교가 줄어든 예산으로 더 많은 일을 해야만 한다. 많은 지역에서 학생들에게 제공하던 스포츠 및 교과 외 활동 등의 프로그램을 포기하거나 줄여야 하는 상황에 부딪히고, 그럴 때마다 학부모들이 기대하는 학교의 긍정적인 영향력이 발휘될 기회는 점점 더 제한되어 부모들을 더욱 좌절하게 만든다.

교육의 본질 또한 여러모로 변했다. 요즘 학생들은 어느 때보다 더 자주, 종합적으로 평가받는다. 이러한 평가 방식은 장점과 단점을 모두 지니고 있어서 이를 둘러싸고 지지자와 비판자가 늘 대립하지만, 어떤 평가 방식이든 성적에 대한 학생들의 압박감이 증가한다는 것 자체에는 모두가 동의한다. 대부분의 행정적 결정이 평가 결과를 기초로 내려지기 때문이다. 학생들이 압박감을 안고 집에 돌아오면 부모도 같이 압박을 받는다. 이는 학교와 교사 그리고 자녀가 받는 교육의 가치에 대한 학부모의 복잡한 인식에 영향을 주는 요인이 된다.

학부모의 스트레스를 가중시키는 다른 문제도 끝없이 생긴다. 예를 들어, 경제가 불안해지면서 가족의 생계를 지탱하는 것이 어려워졌다. 적정한 생계를 유지하기 위해 하나 이상의 소득원이 필요한 가족이 전보다 늘었다. 안정된 직업, 노후 대비, 여가 시간… 모든 것이 부족하다. 부모가 바쁘면 자녀와 함께 시간을 보내는 것이 어려워지고, 부모와 자녀 사이의 거리도 점점 더 멀어진다.

아이들도 바쁘다. 요즘 10대는 하루의 대부분을 학교생활로 보낸다. 숙제도 점점 큰 압박이 되고 있다. 미국의 고등학생들은 매주 평균 17.5시간씩 숙제를 한다. 다른 선진국에 비해 많은 시간이다. 그러나 이것이 그대로 높은 학업 성취율로 이어지지는 않는다. 미국 고등학교의 졸업률이 다른 국가보다 훨씬 낮은 수준이라는 것은 이미 잘 알려진 사실이며, 많은 학부모가 미국 공교육에 좌절하는 원인도 이 때문이다.

가정 내의 사적인 문제도 고려해야 한다. 미국의 이혼율은 지난 수십 년 동안 약 50%를 유지하고 있다. 재혼 부부의 이혼율이 감소하지 않는 것으로 보아 재혼이라고 더 나은 것도 아니다. 이혼하지 않은 부부도 종종 부부 문제로 스트레스를 받는다. 아무리 좋은 부부라도 결혼 생활은 힘들고, 일상적인 갈등을 겪는다. 조부모들은 나이 들수록 병들기 쉽고 누군가 돌봐주어야 하는데, 오늘날 미국의 건강보험료는 어느 때보다도 비싸고 간호 비용도 예전보다 훨씬 높아졌다. 스트레스가 심해질수록 고칼로리 음식을 섭취하게 되고, 그럴수록 배가 나오며 약값도 허리둘레에 비례해서 계속 늘어난다. 부모들은 이런 여러 압력 속에서 힘든 삶을 산다.

이러한 맥락에서 우리는 이제 스스로 물어야 한다. '응대하기 어려운 부모challenging parents'* 란 누구일까? 많은 답이 있을 수 있겠지만, 가장 보편적인 답은 '앞서 언급한 어려움을 겪는 부모들'이다. 응대하기 어려운 부모들은 사실 많은 개인적 스트레스와 재정적 문제,

---

* 'challenging'은 여기에서는 '응대하기 어려운'으로 번역하였으나 문맥에 따라 '까다로운', '응대하기 힘든' 등으로 번역하였으며, 'parent'는 부모, 학부모 등으로 문맥에 따라 번역하였음.

조부모의 건강 문제 등으로 압박받는 사람들일지도 모르고, 주변에 가득한 부정적인 요인 때문에 아무리 노력해도 점점 순수함을 잃어가는 자녀를 보고 절망한 사람들일 수도 있다.

사실 응대하기 어려운 부모는 자녀에게 특별한 교육이 필요하다는 사실을 인식하고 학교가 최선을 다해 그러한 요구를 충족시켜주기를 원하는 사람일 수도 있고, 자녀들의 미래를 내다보고 교육의 혜택을 극대화하려는 사람일 수도 있다. 자녀들이 교육 기회를 더 많이 받을수록 성공하기 쉬울 것으로 생각하고 학교가 모든 아이, 그중에서도 특히 자기 자녀를 최대한 도울 것을 과하게 기대하는 것이다. 어쩌면 응대하기 어려운 부모는 사실 학교에 대한 안 좋은 추억이 있는 사람일 수도 있다. 자신의 부정적인 기억 때문에 학교가 자녀를 돕기 위해 최선을 다할 것이라는 기대 자체를 하지 않는 것이다. 우리는 응대하기 어려운 부모들이 너무 바빠서 자녀 교육을 책임지지 못하고, 학교가 대신해주기를 기대하는 사람일 가능성도 인정해야 한다. 학부모들의 '응대하기 어려운' 태도의 원인이 되는 요소들은 매우 복잡하게 혼합된 형태로 나타난다.

학부모와 교육 전문가들은 같은 목표, 즉 '학생 개개인이 가능한 한 많이 성장하고 배우도록 돕는다'라는 목표를 위해 노력하는 사람들이다. 비록 학부모들이 '응대하기 어려운' 행동을 하는 이유는 다양하지만, 그 내면에는 하나같이 '학교의 전문가(교사)들과 함께 일하고 싶다'는 마음이 숨어 있다. 이 책이 중요한 이유가 여기에 있다. 학부모의 기대뿐만 아니라 걱정과 두려움, 좌절의 본질을 이해해야 학교와 자녀 교육에 대해 보이는 응대하기 어려운 태도의 맥락을 이해할 수 있기 때문이다.

교육 전문가들이 학부모의 특성을 이해해야 이를 바탕으로 실질적이고 법률적인 한계 내에서 학교의 개입과 수용에 관한 학부모들의 희망 사항을 반영할 수 있다. 우리는 학생과 자녀의 성공이라는 하나의 목표를 가진 동료다. 이 책은 교육자와 학부모가 소통하고 함께 일하는 방법을 찾는 데 도움을 줄 것이다.

조지 M. 카팔카 박사(George M. Kapalka, PhD, MS, ABPP)

임상 심리학 및 정신 병리학 공인 위원회, 공인 학교 심리학자

저서

『교실 성공을 위한 8단계: 교사를 위한 도전 행동 안내서 8 Steps to Classroom Success: A Guide for Teachers of Challenging Behaviors』

『통제 불능인 자녀 양육하기 Parenting Your Out-of-Control Child』

『ADHD 아동 및 성인과 상담하기 Counseling Boys and Men with ADHD』

『아동청소년을 위한 영양 치료법과 허브 치료법 Nutritional and Herbal Therapies for Children and Adolescents』

참고 문헌

* 존 스컬리(John Scully)의 이 인용문에 관하여 추가적인 내용을 살펴보고자 한다면 Smart Sayings. N.p., 2016. Web. 16 January 2016을 참조하기 바람.

Center for Disease Control and Prevention (2013). *Sexual Risk Behaviors: HIV, STD & Teen Pregnancy Prevention*. Retrieved June 5, 2016 from www.cdc.gov/healthyyouth/sexualbehaviors/

Center for Disease Control and Prevention (2014). *National Survey on Drug Use and Health*. Retrieved June 5, 2016 from http://www.samhsa.gov/data/sites/default/files/NSDUH-FRR1-2014/NSDUH-FRR1-2014.pdf

National Center on Addiction and Substance Abuse (2012). *National Survey on American Attitudes on Substance Abuse XVII: Teens*. Retrieved June 5, 2016 from www.centeronaddiction.org/addiction-research/reports/national-survey-american-attitudes-substance-abuse-teens-2012

National Institute on Drug Abuse (2014). *Drug Facts: High School and Youth Trends*. Retrieved June 5, 2016 from www.drugabuse.gov/publications/drugfacts/high-school-youth-trends

Trust for America's Health (2015). *The Facts Hurt: A State–by–State Injury Prevention Police Report*. Retrieved June 5, 2016 from healthyamericans.org/assets/files/TFAH-2015-InjuryRpt-FINAL.pdf

United States Department of Health and Human Services (2016). *Trends in Teen Pregnancy and Childbearing*. Retrieved June 5, 2016 from www.hhs.gov/ash/oah/adolescent-health-topics/reproductive-health/teen-pregnancy/trends.html

교사와 학부모는
한 팀

"아이들이 훌륭하게 자라도록 가르치는 일만 한다면 얼마나 좋겠어요. 학교에서 가장 힘든 일은 학부모를 상대하는 겁니다."

교무실이나 학회장에서 강의를 하거나 지역 연수를 진행하다 보면 수많은 교사가 격분하며 이렇게 말한다. 관리자는 훈육과 책임 문제를 논의할 때 학부모들의 저항, 분노, 좌절이라는 벽을 위태롭게 오르려고 노력하지만, 저항적인 학부모나 절망에 빠진 가족들이 귀를 닫아버리면 이 모든 노력이 무위로 돌아가기 일쑤다. 그러다 보면 불안과 두려움 때문에 새로운 시도를 하기가 점점 어려워진다.

분명히 말하지만 대다수의 학부모는 협조적이고 친절하며 우리를 지지한다. 이런 학부모와 가족은 매우 고맙게도 자녀를 교양 있고 다재다능한 차세대 시민으로 가르치기 위해 우리 교육 전문가들과 함께 노력한다. 그러나 이 책에서는 이런 부모들이 아닌 다른 부류의 부모들에 대해 다룬다.

2012년, 전미교육연합회^{National Education Association}와 『양육^{Parenting}』이라는 잡지의 공동 조사에 따르면 68%의 교사들이 학부모를 상대하는 것이 어렵다고 답했으며,¹⁾ 마찬가지로 2012년 진행된 '미국 교사들에 대한 메트라이프^{Metlife} 조사: 학교 리더십에 대한 저항'이라는 설문조사에 따르면 10명 중 7명 이상의 교사들이 학생 교육을 개선하기 위해 학부모와 지역사회를 참여시키는 것은 매우 힘든 일(교장의 72%, 교사의 73%)이라고 응답했다.²⁾

하지만 응대하기 어려운 학부모가 사실은 가장 강력한 지지자인 경우도 종종 있다. 이것이 이 책 전반에서 주목해야 할 핵심이다. 응대하기 어려운 학부모가 그들 나름대로 힘든 상황에 대처하는 과정에서 태어났을 수도 있다는 말이다. 과거에 부정적인 교육을 경험했을 수도 있고, 교육 시스템을 커다란 벽으로 인식해서 자녀를 위해 공격적인 전략을 쓸 수밖에 없다고 생각하는 것일 수도 있다.

어떤 학부모들은 자녀 교육에 전혀 참여하지 않는 것처럼 보이기도 한다. 교육 파트너가 되어달라고 아무리 부탁하고 간청하고 유도해도 학교와 소통하는 것을 거부하며 거리를 유지한다. 이들에게는 우리가 미처 보지 못한 사정이 있을 수 있다. 하루하루 끼니를 해결하는 것, 난방을 켜거나 집에 전등을 밝히는 것조차 버거운 사람들일 수 있기 때문이다. 매일 다음 끼니를 걱정하거나 끝없는 빚이나 좌절감을 극복하려 애쓰고 있는 사람에게 교육은 그리 중요한 문제가 아니다.

희망하건대 독자 여러분이 이 책을 읽으면서 쓸 만한 도구 몇 개와 한두 번의 웃음, 학부모나 같은 교직원과 관련된 문제 상황을 마주했을 때 활용할 조금 더 좋은 방법을 얻어갔으면 한다. 그리고 무엇보다도 독자 여러분이 매년 교문으로 들어오는 차세대 학생을 교육하는 중요한 임무를 수행하는 데에 도움이 되길 바란다. 학교 는 한 세대가 동시에 지도를 받으며 함께 성장할 수 있는 유일한 환 경이다.

마지막으로 필자를 교육 구성원으로 받아들이고 시간을 내어 이 책을 펼쳐준 여러분에게 진심 어린 감사를 전한다.

참고 문헌

1) "Survey Finds Parent-teacher Relationships Strong—Teachers given Grade of." Rss. Accessed April 08, 2016. http://www.nea.org/home/51796.htm.
2) "Work to Implement the CCSS. The MetLife Survey of the …" Accessed April 8, 2016. http://www.achieve.org/files/March2012Perspective.pdf.

목차

1장
·······

달라진 학교 풍토
| 학부모가 말하지 않는 불편한 진실 |

리더십의 진정한 역할은 풍토를 조절하는 것, 즉 가능성이 있는 환경을 창조하는 일
이다.

- 켄 로빈슨 경(Sir Ken Robinson)

　교무실을 방문하면 어느 지역이든 교사들은 교사라는 직업이
공격받는 것처럼 느껴진다고 말한다. 교육과정 기준 curriculum standards
은 변화하고, 교사에 대한 기대치는 높아졌다. 그에 반해 교사에 대
한 지원은 점점 줄어들고, 교직의 전문성을 둘러싼 정치적 환경은
갈팡질팡하고 있다.

책의 첫 장을 이 주제로 구성한 이유는 교사, 행정가, 부모들 사이에서 불에 기름을 붓듯 위험한 불협화음을 만들어내는 '배경backstory'을 이해할 필요가 있기 때문이다. 이러한 불협화음은 부모와 교사의 관계를 오염시킨다. 몇몇 교육자는 학부모들이 '분명히 문제라고 생각하면서도 말하지 않는 불편한 진실elephant in the room'을 품고 있다는 이야기를 들어보지도 못했을 것이다. 그러나 이런 이야기들은 학부모가 갑자기 적의敵意를 드러낼 때 상황을 이해하고 공감하는 데 유용하다. 이런 이슈들은 교육 조직 내의 많은 상호작용 속에 아주 낮게 깔리는 배경 음악인 셈이다.

"내가 학생이었을 때와 학교가 얼마나 다르겠어."

유치원이나 초등학교 시절을 회상해보자. 낮잠 시간, 간식 시간, 휴식 시간이나 시험공부 등이 떠오를 것이다. 이제 21세기로 돌아오자. 오늘날의 학교에서는 공부와 교육과정뿐만 아니라 글로벌 시장의 요구에 대한 대응까지 강조되면서 휴식 시간이나 '필수적인' 가치를 지니지 않은 활동들이 밀려나고 있다.

오늘날 배우는 교과 내용은 과속 운전 같다. 이전 세대가 초등학교 2학년 때 배우던 내용을 요즘 유치원에서 배운다. 이게 학부모와의 상호작용 문제와 무슨 관계가 있을까? 만약 학부모가 교육계에 몸담고 있지 않다면 자녀가 현재 배우고 있는 것을 판단할 때 자신의 경험에 의존한다.

아이를 학교에 보내고 몇 년 동안은 '아직 초등학생인데'라거나 '초등학교 성적은 중요하지 않아'라고 생각한다. 이런 생각은 '우리 애한테 왜 이렇게 엄격하지?', '부모가 왜 학교 교육에 관여해야 하지?' 같은 오해를 불러올 수 있다. 이런 문제를 해결하기 위해서 우리는 광적인 속도로 변화하는 교육에 대해 학부모들과 소통해야 한다. 우리는 학부모들, 특히 '위기에 처한^{at risk}' 학부모들에게 새로운 공교육 질서에 대해 알려야 한다. 이에 대해서는 나중에 더 자세히 다루겠다.

"내 아이는 특수교육을 받지 않았으면 해."

학부모들은 자신이 학교에서 경험한 것을 바탕으로 자녀들의 학교생활을 바라본다는 점을 다시 한번 기억하자. 만약 10, 20년 전에 특수교육 프로그램을 경험했던 학부모라면 특수교육을 긍정적으로 생각하지 않을 가능성이 크다. '작은 버스'를 타고 학교에 다니고, 친구들과 분리되어 특수학급에 배치되며, 몇몇 친구가 킥킥대면서 괴롭히고, 자기들과 다르다고 손가락질하는 등 부정적인 이미지가 각인된 탓이다.

이런 경험을 한 학부모 혹은 그런 친구를 본 적이 있는 학부모는 자녀를 특수교육 대상자로 분류할지 말지 이야기하는 것을 꺼리고, 때로는 특수교육 담당자와의 논의조차 싫어한다. 이런 부모들은 심한 경우 적대감마저 보인다. 이런 학부모들의 과거를 탐색해보면 특수교육에 대한 부정적인 기억이 저변에 깔려 있음을 알 수 있다.

'최소 제한 환경least restrictive environment*', '범주화', '특별 수송' 같은 용어를 사용하면 전문적으로 보인다. 그러나 일부 학부모는 단순히 이런 단어를 꺼내기만 해도 더 이상의 대화가 불가능할 정도로 공포와 두려움에 휩싸인다. 이런 학부모들에게는 새로운 특수교육 용어들이 어떻게 적용되는지를 실제로 관찰할 수 있도록 해주어야 한다. 이런 용어들이 의미하는 바를 단지 단어와 구절만이 아니라 시각적으로 보여주어야만 하는 것이다.

특수교육 프로그램에 대해 말로만 논의하면 학부모는 자녀가 왕따를 당할 것이라는 공포에 휩싸이고, 자녀에게 '다르다'라는 낙인이 찍히는 것을 막아야겠다는 강한 정서적 욕구를 가지게 된다.

"학교 시스템이 나와 아이의 요구에 귀 기울이지 않아."

인명 구조원이 되면 가장 먼저 '물에 빠진 사람을 구조할 때는 피구조자가 구조자를 물 아래로 끌어당기는 것을 주의해야 한다'라고 배운다. 물에 빠진 사람이 구조자에게 해를 끼치려고 일부러 그

---

* 장애 아동을 장애가 없는 또래, 가정, 지역사회로부터 최소한만 분리해야 한다는 개념.

러는 것은 아니다. 이성적으로는 마음을 진정시키고 구조자가 자신을 안전하게 육지로 인도하도록 맡겨야 한다는 것을 안다. 그러나 물에 빠져 절망과 공포로 이성이 날아가 버린 상태에서는 지극히 감정적으로 변해 구조자를 끌어내리고 몇 초라도 더 숨을 쉬려고 한다. 이처럼 감정과 이성은 물과 기름처럼 섞이지 않고 서로 충돌하곤 한다.

감정과 이성이 서로 다르다는 점을 기억하자. 만약 학부모와 이성적으로 대화하기를 원한다면 먼저 그들의 말에 공감하며 귀 기울여라. '학생지도에 대해 이성적으로 반응하지 않으면 어떻게 문제를 해결하란 말인가?'라는 의문이 들 것이다. 하지만 때로는 학부모의 말을 경청하고 이해하는 것이야말로 그들이 원하는 해결책일 수도 있다. 자세한 내용은 뒤에서 다루도록 하겠다.

"우리 아이는 조금 늦될 뿐이라고요."

특히 초등학교 저학년 학생의 경우 학부모가 자주 보이는 반응인데, 어떤 학부모는 자녀의 능력에 관한 교사의 평가를 받아들이지 않고 완고하게 거부하기도 한다. 이는 단순히 당신의 말을 귀담아들을 준비가 되어 있지 않기 때문이다.

이제 막 아이를 낳은 부모를 상상해보자. 아이는 곧 부모의 자부심이며 기쁨이다. 부모라면 누구나 한 번쯤 자녀가 자라서 아이비

리그에 진학하거나 의사, 변호사가 되는 등 출세하는 꿈을 꾼다. 그런데 자녀가 학습장애나 신체장애를 앓고 있을지도 모른다는 말은 그런 부모의 기대와 정면으로 충돌한다.

모두 퀴블러 로스^{Kubler-Ross}가 말한 슬픔의 다섯 단계[*]처럼 힘겹게 거쳐가는 과정이다.[1] 어디서, 얼마나 빨리, 어떤 순서로 이 단계를 거치냐에 따라서 자녀 교육에 필요한 부분에 관한 교사의 분석과 제안을 수용하는 능력이 달라진다.

"내 아이는 내가 제일 잘 알아요."

교사의 경력이나 능력 여부는 학부모에게 그다지 중요하지 않다.

"선생님은 어느 학교를 나왔어요?"

"어떤 연수를 받았어요?"

"어떤 교육 이론을 따르나요?"

이런 질문을 받아본 적이 있는가? 학부모들은 이런 질문을 거의 하지 않는다. 학부모들은 기본적으로 당신이 교사로서 좋은 교육을 받았고, 자기 자녀를 적절히 가르칠 수 있게 훈련받았다고 생각한

※ 엘리자베스 퀴블러 로스의 유명한 이론으로, 인간이 죽음을 맞이할 때는 부정, 분노, 타협, 우울, 수용의 심리상태가 단계적으로 이어진다는 이론이다. '죽음의 다섯 단계'나 '분노의 다섯 단계', '퀴블러 로스 모델' 등으로 불린다. 여기서는 자녀에 대한 기대를 상실하는 과정을 은유적으로 표현했다.

다. 그러나 학부모들은 교사가 아무리 아이들을 잘 이해하고 교육에 해박할지라도 자녀에 대해 가장 잘 아는 사람은 다름 아닌 자기라는 점을 교사가 알아주기를 원한다. 즉, 학부모들은 자기 자녀에 관해서는 자신이 최고의 전문가라고 생각한다. 부모는 자녀의 버릇과 특성을 속속들이 알고 있다. 부모는 자녀를 사랑으로 키워왔으며, 지금까지 성장할 수 있도록 도와준 사람이다. 교사에게는 그저 한 명의 학생일 뿐이지만 그들에게는 세상의 전부인 것이다. 그래서 이 특별하고 신비로운 아이를 키운 사람이 바로 자신임을 교사가 알아주었으면 한다.

교사는 자녀와 부모 사이의 유대가 얼마나 중요한지를 본능적으로 안다. 문제는 교사가 축약된 용어와 교육학 전문 용어를 구사할 때 학부모들은 교사가 자기 자녀를 다른 학생들과 한 묶음으로 다룬다고 느낀다는 점이다. 학부모는 교사가 자기 자녀를 독립된 개체로 이해하길 원한다.

교사가 교육자로서 학생들을 개개인으로 이해하고 개별화된 교수-학습을 제공하지 못한다는 뜻이 아니다. 학부모들이 초점을 두는 것은 그러한 학습법의 문제가 아니다. 그들이 신경 쓰는 것은 교사가 자기 자녀의 특성에 대해 비평하기에 앞서 아이를 총체적으로 파악하고 있는지, 자녀의 특별함을 이해하고 있는지다. 그저 아이와 행동을 분리하는 것만으로는 부족하다. 자녀가 한 행동의 옳고 그름과 관계없이, 부모들은 교사가 자녀에 대한 부정적인 평가를 하기 전에 아이의 특별한 점을 이해하고 축복해주기를 원한다.

"우리 아이에겐 내가 필요해, 정말 필요해."

아이들이 입는 해악 중 하나는 주변에서 아이를 너무 애지중지하여 날개를 온전히 펼칠 기회를 빼앗는 것이다. 주기적으로 결석하는 학생의 부모에게서 이런 모습을 발견하기 쉽다. 이때 교사가 가장 먼저 해야 할 질문은 "학생이 학교에 있는 동안 집에 누가 있나요?"이다. 집에 누가 있는지를 파악하면 교사는 그 부모의 잠재적인 영향력을 이해할 수 있다.

집에 있는 부모는 자녀가 자신과 함께 있기를 원한다. 반대로 자녀는 부모가 집에 있으면 '엄마 아빠가 뭔가 재미있는 일을 하고 있다'고 느끼거나, '함께 있어달라'는 의미가 담긴 미묘한 단서를 포착한다. 이런 가정의 아이는 학교를 무서운 곳으로 여기고, 부모가 만든 울타리 속에서 질식하게 된다.

"교사는 일은 적게 하면서 돈은 많이 받아."

오늘날의 정치권은 공교육에 대해 긍정적으로 이야기하지 않는다. 정치가들은 정치적 관심을 끌기 위해 공교육의 겉만 훑고, 일하는 것에 비해 세금을 과하게 축낸다는 주장을 뒷받침하기 위해 교사의 임금을 부풀려서 말한다. 심지어 학교 행정가를 포함한 모든 교사를 여름 방학에는 일하지 않는 편한 직업으로 간주한다.

노조 붕괴가 나날이 심해지는 가운데, 교원 노조의 파괴는 사상 최대 규모에 이르렀다. 교사 노조, 연금 문제, 세금 문제는 정치꾼들의 단골 소재로, 일부 학부모들에게는 부정적인 이야깃거리를 제공하며 교육적 관계에 암묵적인 영향을 미친다.

그래도 희망은 있다. 최근의 갤럽 조사에 따르면, 정직과 윤리를 기준으로 했을 때 가장 존경받는 직업 다섯 가지 중 1위는 의사였고, 2위가 교사였다.[2] 그러나 교직은 여전히 매우 조심스러운 직업인 것이 사실이다. 학교와 갈등을 빚는 학부모들의 회의주의적 시각을 경계해야 하며, 인터넷이나 지역 신문에서 뿌려대는 보도에 굴하지 않고 학부모의 신뢰를 얻어야 한다. 늘 그렇듯 응대하기 어려운 학부모에게 신뢰를 얻는 건 힘겨운 싸움이다.

학교의 풍경으로 학교를 판단한다

학부모들이 가장 먼저 주목하는 것은 학교 자체의 물리적 환경이다. 학부모들은 힐끗 본 학교의 풍경을 바탕으로 학교의 전체 인상을 결정한다. 부모들은 학교를 돌아보며 많은 질문을 한다. 학교가 안전한지, 외부인의 출입을 감시하는지, 직원들이 따뜻하고 친절하게 맞이하는지, 건물은 깨끗한지, 부서진 곳은 없는지….

학교를 방문할 때 학부모들은 속으로 이런 질문을 던지며 즉각적으로 판단한다. 직접 만나기도 전에 교직원들에 대한 인상을 그려

두는 것이다. 이러한 인상이 곧 학교에 대한 학부모들의 판단 기준이 되므로 긍정적인 첫인상을 줄 수 있도록 노력해야 한다.

또 한 가지, 학부모들이 주목하는 것이 바로 인터넷상의 접근 경로인 학교 홈페이지이다. 학교 홈페이지에 접속한 학부모는 우선 최신 정보가 게시되어 있는지를 살핀다. 봄이 한창인데 홈페이지를 크리스마스 장식으로 꾸며놓는 것은 크리스마스트리를 4월까지 치우지 않는 것과 같다. 인터넷을 능숙하게 다루는 학부모들은 교문을 지나기 전부터 가상공간을 통해 학교에 대한 인상을 결정한다는 점을 기억해야 한다.

테크놀로지와 친해지기

테크놀로지는 현재와 미래 세대의 언어다. 오늘 산 컴퓨터나 스마트폰이 내일이면 구식이 될 정도로 현대 공학은 놀라운 속도로 성장하고 있다. 만약 이런 최신 기술이 학교에서 사용되지 않는다면 문제가 될 수 있다.

늘 부족하고 고정된 예산 탓에 교사가 할 수 있는 일이 많지 않다. 하지만 학부모들은 학교의 예산 부족에 신경을 쓰지 않는다. 특히 기술 분야에 종사하는 학부모들은 자녀들에게 최신 기기나 시스템을 제공하지 않는 학교에 대해 비판적일 가능성이 크다.[3]

또한 일부 교사는 기술을 능숙하게 활용하지 못한다. 이들은 다른 사람의 실력이 자신을 능가할까 두려워서 기술을 사용하지 않거나 사용을 제한한다. 요점은 교사는 아는 만큼만 가르칠 수 있으며 아는 것이 적으면 자연히 가르칠 수 있는 것도 제한된다는 것이다. 기술에 관한 전문성 개발 연수를 개설하는 것은 이런 교사들에게 별 도움이 되지 않는다. 이런 교사들에게 전문성 개발 연수를 듣게 하는 것은 초급 수준의 일본어만 아는 사람에게 고급 일본어 과정을 들려주는 것이나 마찬가지다. 오히려 일대일 교습이나 선뜻 묻기 어려운 아주 기초적인 지식을 다루는 수업이 더 유익할 수도 있다.

학생들뿐 아니라 우리의 뇌도 변하고 있다. 그 증거로 10년 전까지만 해도 우리는 가족이나 친구의 전화번호를 외우고 다녔고, 지도 읽는 법을 알았다. 하지만 스마트폰은 이러한 능력을 불필요하게 만들었다. 최신 기술에 대한 교사의 무지는 응대하기 어려운 부모들에게 있어 용납할 수 없는 것이다.

무지한 부모가 좋은 부모는 아니다

학교의 정책, 절차, 교육과정에 무지한 학부모는 응대하기 어렵다. 자기가 몰랐던 정보나 자세히 검토한 적 없는 정보를 접할 때마다 깜짝 놀라기 때문이다. 그러므로 부모가 알아야 할 정보가 있다면 서면으로 배포한 다음 확인 서명을 받아두어야 한다. 서명은 학부모들에게 정보를 제공했다는 증거가 된다.

학교 웹사이트를 자주 업데이트하고, 학부모에게 정기적으로 연락한다. 안 그러면 머리끝까지 화가 난 학부모가 교무실을 찾아올 가능성이 크다. 이런 일이 생기기 전에 미리 전화를 걸자.

교육의 잘못은 교사의 잘못인가?

불행히도 교육에 대한 책임은 교육자가 감수해야 할 부분이다. 학교나 교육 시스템을 포괄하여 어디서 문제가 일어나든 잘못에 대한 책임은 결국 학생을 지도하는 교사의 몫이 되곤 한다. 학부모가 봤을 때는 전부 '교사의 잘못'이다.

이를 부정하거나 순교자 역할을 하는 것은 의미가 없다. 교육자가 감내해야 할 자연스러운 부산물이기 때문이다. 이미 과도한 공교육의 역할 위에 더 많은 사회적 역할이 더해지고 있다.

가정의 빈곤 문제

교사가 학생들과 이야기할 때 평등이 아닌 공정의 개념에 대해 논하며 '모두가 원하는 것을 얻을 수는 없지만, 적어도 필요한 것은 얻을 수 있다'고 말하곤 한다. 훌륭한 격언이지만 대부분의 학생과 그 가족에게는 가닿지 못하는 말이다. 빈곤한 가정에서는 생존을 위한 식량이나 물, 옷, 피난처 등이 훨씬 더 필요하므로 교육을 우선순위에 두지 못한다. 몇몇 학부모는 술이나 약물 중독 때문에 문제를 자초하기도 한다. 하지만 결국 중요한 것은 우리가 궁극적으로 아이를 돕기 위해 무엇을 하느냐이다.

책 후반부에서 우리는 '위기에 처한^at risk' 학부모들을 어떻게 교육에 참여시킬지를 논의할 것이다. 위기에 처한 학부모는 학부모-교사 모임^PTA에 참석하지 않는 학부모, 전화번호가 자주 바뀌어서 연락처가 불분명한 학부모, 연락해도 회신이 없는 학부모 등을 말한다. 이를 교육 풍토의 문제로 인식하는 것이 중요하다.

부유한 지역에서 근무한다고 생계를 걱정하는 학부모가 없으리라고 생각해선 안 된다. 부유한 지역에도 집에서 쫓겨나기 직전인 가정이나 저소득층 가정은 있다. 이런 학부모는 생활비와 난방, 전기, 수도 비용을 감당하려고 늘 애쓴다.

학교에서 빈곤이라는 문제를 다룰 때 다음 사항을 명심하자.

- **지역의 사회복지 기관이나 공동체 시민 단체와 파트너로 일한다:** 이들과 긍정적인 협력 관계를 유지하면 도움이 필요한 가족을 지원할 때 큰 도움이 된다.
- **감사의 말을 기대하지 말자:** 때로 우리는 학부모가 우리의 지원에 대한 감사의 뜻을 표하기를 기대하곤 한다. '왜 고마워하지도 않는 사람들을 계속 도우려고 애써야 하지?'라고 생각할 수도 있다. 하지만 긴급한 상황에 쫓기거나 어깨에 세상의 무게를 짊어진 상태에서는 불

안감 때문에 감사를 표해야 한다는 생각 자체가 증발한다.

- **학교에서 가정으로 찾아가라:** 만약 학교에 사회복지사나 상담사가 근무 중이라면 가정방문을 고려해보자. 물론 이런 일은 신중히 추진해야 하고, 교직원들은 항상 다른 사람들과 협력해야 한다. 때로는 학부모와 학교가 아닌 학부모의 삶의 공간에서 만날 필요가 있다.

- **일방적으로 판단하지 말자:** 회의적인 교사는 어떤 부모들을 다음과 같이 말하기도 한다. "글쎄, 그렇게 가난하다면서 왜 손톱 관리를 받지?", "어떻게 케이블 TV를 가지고 있지?", "어떻게 저런 비싼 차를 몰지?" 하지만 우리는 각 가정의 재정 상황을 정확히 알지 못한다. 우리는 학생이 배울 수 있도록 돕기 위해 학교에 있는 것이므로, 가정 내의 상황을 섣불리 판단해서는 안 된다.

표준화 시험과 핵심 교육과정 기준

학부모들은 표준화된 시험^{Standardized test}과 공통 핵심 교육과정 기준^{Core curriculum standards}에 대해 오해하고 있는 경우가 많다. '중요하지 않다'는 의견부터 '아이들의 미래 생활과 진로를 결정한다'는 의견까지 학부모들의 생각은 실로 다양하다.

어설픈 정보는 위험하다. 잘못된 생각이 확산되는 것을 막기 위해서는 핵심 교육과정과 표준화 시험 및 시험 결과에 관한 정확한 정보를 학부모들에게 친숙한 형식으로 제공하는 것이 중요하다. 학부모가 자주 물어보는 질문을 목록으로 정리해 알리면 나쁜 소문이나 험담을 미리 방지할 수 있다.

이미 나간 소식은 되돌릴 수 없다

2016년 2월 19일, 〈뉴욕 데일리 뉴스^{NewYork Daily News}〉에서 델라웨어 공립학교가 실수로 '상처받은 감정 보고서^{Hurt feeling report'*}를 발송해서 물의를 일으킨 사건을 보도하였다. 뉴스에서는 "이 보고서의 목적은 상처받은 감정을 기록으로 남기는 일에 반발하는 사람들을 돕는 것"이라든지 "반대파들은 이 보고서를 근거로 사람들의 동정을 모을 수 있을 것이다"라며 비꼬았다.4)

지역 교육청은 "매우 난처하긴 하나 단순한 실수였다"라고 재빨리 반박했지만, 이 실수는 우리 모두에게 큰 교훈을 주었다. 이메일의 '보내기' 버튼을 누르기는 너무나 쉽다. 교사들은 매일 학부모들과 엄청나게 많은 이메일을 주고받거나 소셜 미디어에 글을 남긴다. 그리고 이러한 활동은 모두 교사에게 영향을 줄 수 있다. 그러므로 교직원들과 이메일과 관련된 경험을 나누고, 이메일을 주고받는 시간을 어떻게 정할지, 소셜 미디어 사용을 어떻게 제한할지 등에 대

※ 학교에서 학부모에게 보내는 우편물에 'Hurt feeling report'라는 파일을 잘못 첨부한 채로 발송하여 생긴 사건이다.

해 미리 논의해두는 것이 좋다.

"학교에서 괴롭힘은 흔한 일이야."

그동안 괴롭힘^{bullying}은 학교의 통과의례처럼 여겨져 왔다. 지난 몇 년 동안 나온 영화나 TV 프로그램의 상당수가 괴롭힘을 소재로 삼고 있으며, 극장에서나 TV에서나 대부분은 괴롭힘을 가볍게 취급하고 웃음거리로 삼는다.

사이버불링^{cyberbullying}으로 눈을 돌려보자. 인터넷에서 괴롭힘은 생명력을 얻어 스스로 몸집을 불린다. 메신저를 비롯한 다양한 인터넷 매체는 사소한 괴롭힘의 씨앗을 마치 바이러스나 산불같이 빠른 속도로 퍼뜨릴 수 있기 때문이다. 여기에 언론 보도가 더해지면 괴롭힘은 단순한 통과의례에서 학교 폭력 문제, 전국 단위로 강제되는 법규에 관한 문제로 바뀐다.

한편 학부모들도 괴롭힘의 기미가 보이는 모든 행동에 각별한 주의를 기울인다. 잘 알려진 것처럼 괴롭힘은 장기적으로 아이에게 해로운 영향을 준다. 우리의 중학교 시절을 떠올려보자. 자신을 괴롭히고 비참하게 만들었던 사람의 이름과 얼굴이 쉽게 기억날 것이다. 그래서 학부모들은 가혹하고 해로운 학교 환경으로부터 무슨 수를 써서라도 자녀를 지킬 준비를 하고 학교를 방문한다.

여러분이 학부모로 학교에 찾아왔는데, 우리 아이에게 일어난 일이 상처가 되긴 하겠지만 괴롭힘으로 분류하기 어렵다는 말을 듣는다면 얼마나 좌절감이 들지 생각해보자. 학교가 자녀의 입장을 진지하게 옹호하지 않는다는 생각에 분노가 치밀어 오를 것이다. 그러나 안타깝게도 많은 학부모가 괴롭힘이라고 생각하는 사건의 상당수는 법적인 정의定義의 '위협intimidation'이나 '괴롭힘bullying'으로 분류되지 않는다. 오히려 훈육의 문제로 본다. 괴롭힘이라는 낙인이 붙지는 않지만, 부모들에게는 이 문제들도 괴롭힘과 거의 같다. 이러한 혼동을 피하려면 괴롭힘의 정의에 대한 지방 정부의 해석을 기반으로 괴롭힘의 정확한 범위를 학부모들에게 명확히 알려주는 것이 중요하다. 이 문제와 관련하여 추가로 다음을 고려하자.

- **학생과 학부모가 괴롭힘 방지 서약에 서명하도록 한다:** 서류에 괴롭힘의 정의와 서약을 위반했을 때의 명확한 처벌 절차를 제시한다.
- **가해자뿐만 아니라 피해자에게도 집중한다:** 많은 괴롭힘 방지 프로그램은 가해자에 집중하고, 피해자에 대해서는 별 관심이 없다. 이러한 경우에 피해자가 또 다른 가해자에게 같은 이유로 괴롭힘 당하는 일이 반복될 수 있다. 자기주장Assertiveness은 공격적인 학생과 소극적인 학생이 합의점에 도달할 수 있도록 가르치는 열쇠이다.
- **부모 교육 프로그램을 병행한다:** 괴롭힘은 가정에서 시작될 수도 있으므로, 괴롭힘에 초점을 맞춘 부모 교육 프로그램이 중요하다. 만약 집에 자신을 괴롭히는 형제가 있는데 거기에 대항할 힘이 없다면, 자기보다 약한 사람을 찾아 학교에서 그 좌절과 분노를 해소하려고

할 것이다. 또한 현재 발생하는 놀림^{harrassment}이나 위협^{intimidation}, 괴롭힘^{bullying} 등의 문제는 대개 인터넷이나 문자 메시지를 통해 학교 밖에서 시작된다. 이미 괴롭힘이 시작된 다음 학교로 흘러들어와 학교의 문제가 되는 것이다. 부모 교육은 이런 문제가 통제할 수 없을 정도로 커져 학업 환경 전반에 문제를 일으키기 전에 해결할 수 있는 훌륭한 안전장치가 된다.

- **학생들의 말과 행동에 귀를 기울이자:** 아이들은 생각보다 똑똑하고, 충분히 사악해질 수 있다. 괴롭힘은 교사가 보는 눈앞에서 발생하지 않는다. 쉬는 시간, 점심시간, 탈의실 또는 샤워장의 어두운 구석에서 발생한다. 따라서 교사와 학교 행정가들은 사건 발생을 가장 늦게 알게 되는 경우가 많다. 특히 약한 친구를 따돌리거나 고립시키는 데 선수인 여학생의 경우 더욱 그렇다. 이것은 우리가 이러한 사각지대에 특히 더 귀를 기울여야 한다는 것을 의미한다. 학생들의 말 혹은 말하지 못하는 메시지에 귀를 기울여야 한다. 또 학교 상담 교사와 학생들이 교사가 듣고 싶어 하는 말 대신 실제 학교 풍토에 대해 편안하게 의논할 수 있는 '점심 같이 먹는 친구들^{lunch bunch}'과 같은 비공식 모임을 마련하는 것도 좋다.

자신의 책임을 받아들이자

교육자나 교육 행정가의 하루하루는 책임으로 가득하다. 개인적인 문제는 말할 것도 없고, 교육과정과 육아, 교직원들 사이에 끼어서 자기 성찰을 할 시간조차 거의 없다.

때로는 단순히 책임을 받아들이는 것이 가장 어려운 일일 수도 있다. 스스로 책임을 지지 않으면 성장할 기회를 잃어버린다. 스스로 발전하지 못하면 앞으로 나아갈 수 없다. 그 결과, 배우고 개선할 기회를 놓쳐버린다. 따라서 우리는 자신의 습관이 교육 지도자로서 합당한지, 아니면 교육자가 되는 데 장애가 되는지 고민해야 한다. 즉, 여러 갈등을 적절히 처리하는 데 적합한 습관을 가지고 있는지를 자문해야 한다.

다음은 어려운 토론 주제나 문제를 적절하게 다루는 능력에 영향을 주는 열 가지 요소이다.

1. 변화에 대한 저항: 만약 당신이 교직원을 비롯한 학교 내 다양한 요소 간의 역학 관계가 바뀔 수 있다는 사실을 받아들이지 않으면, 늘 짜증이 나고 좌절하게 될 것이다. 미래에 관해 유일하게 장담할 수 있는 것은 변화가 일어나리란 사실뿐이다. 그러므로 변화의 흐름을 받아들여라. 그렇지 않으면 물살을 거스르다 녹초가 된다. 지칠 대로 지친 상태에서는 부모나 교직원 그리고 학생 들에게 최선을 다할 수 없다.

2. 머리가 아닌 마음으로 하는 결정: 자신의 일을 감정적으로 이해하는 것은 중요하다. 단 모든 일을 머리가 아닌 마음으로 결정하면 일관성이 부족해진다. 그러면 교직원은 물론 당신과 상호작용하는 모든 사람

이 당신의 결정이 그날그날의 기분에 따라 결정된다는 것을 알아챈다. 그렇게 되면 상대의 반응도 그때그때 생각 없이 반사적으로 이루어지거나 일시적인 기분에 좌우된다.

비행기 탈 때를 떠올려보자. 탑승하면 기장이 침착하고 냉정한 목소리로 설명한다. 그 단조롭고 변함없는 목소리에 안정된 승객들은 안전하고 사고가 없는 비행이 되리라 느끼며 편안한 기분으로 좌석에 앉는다. 반대로 스피커에서 나오는 기장의 목소리에서 긴장된 감정이 그대로 느껴진다고 상상해보자. 그가 말하는 내용과는 상관없이 승객들은 기장을 신뢰하지 못할 것이고, 안전이 염려될 것이다. 목소리와 감정이 상황에 대한 통제력에 어떤 영향을 미치는지를 보여주는 대표적인 사례이다.

마찬가지로 때로는 마음보다는 머리로 결정해야 교사와 학부모, 학생 들이 안전하다고 느끼고, 당신이 어떤 결정을 내릴지 예측할 수 있다.

3. 모든 것을 통제하려고 하는 경우: 만약 당신이 모든 것을 통제해야 한다고 느낀다면, 결국 자기가 아무것도 통제할 수 없다는 사실만 깨달을 것이다. 따라서 꼭 직접 통제해야 하는 문제만 결정하고, 다른 부분은 내버려두자. 다음은 당신이 통제할 수 없는 부분이다.

- 학부모가 집에서 하는 일
- 학부모와 가족이 집에 가지고 있지 않은 것
- 학부모나 학생이 당신을 어떻게 생각하는지

- 숙제, 과외
- 새로운 교육과정이나 기술 부족, 지역구나 전국 단위의 변화

그 밖에도 책 한 권을 채울 만큼 많은 것을 통제할 수 없다.

4. 결정을 내릴 수 없거나 내릴 의사가 없는 경우: 만약 당신이 끊임없이 결단을 미루거나 결정하는 일을 어려워하는 사람이라면 학부모들은 좌절감을 느끼고 어떤 학부모들은 당신이 신속한 결정을 내리도록 몰아붙이려고 할 것이다. 그러면 결국 걷잡을 수 없는 지경에 이르러 어쩔 수 없이 결정을 내리게 된다. 거세진 산불을 끄는 것보다 작은 불씨를 끄는 것이 훨씬 쉽다는 점을 명심하라.

5. 주목할 만한 비전이나 가치가 없는 경우: 만약 당신이 자신의 지위를 하루하루 힘겹게 유지하는 사람이라면 나무만 보고 숲은 보지 못할 수도 있다. 그러면 학교 구성원 간의 관계에 대한 단기적, 장기적 비전을 개발할 수 없다. 물에 빠져 허우적대며 힘겹게 숨을 쉬는 와중에 미래를 전망하기가 어려운 것과 마찬가지다. 비전이 없으면 학부모와 학교 문제에 대해 논의하기 어렵고, 지켜야 할 제약이나 경계를 알기도 어렵다.

6. 실수를 인정하지 않는 경우: 리더 역할을 하다 보면 많은 실수를 하게 된다. 그리고 불행하게도 이러한 실수는 대부분 학생, 부모, 교직원에게도 영향을 미친다. 만약 자신이 잘못된 결정을 내렸다는 걸 알면서도 고집스럽게 고수하다가 누군가의 지적을 받고 화를 낸다면 함께 일하는 모두가 당신을 신뢰하지 않게 될 것이다. 그러므로 실수

를 빨리 인정하고, 고칠 수 있는 것은 고치고, 자신을 책망하지 말고 훌훌 털어내라.

7. **최악의 감정, 분노:** 약간의 분노는 리더에게 필요할 수도 있다. 꼭 필요할 때 화내는 것은 말하고자 하는 요점을 분명하게 해준다. 그러나 너무 자주 화를 내면 사람들은 더 이상 귀를 기울이지 않게 된다. 옐로우스톤의 올드 페이스풀 간헐천*처럼 정해진 시간마다 화를 내며 헛소리를 늘어놓는 사람의 말을 누가 듣겠는가?

한 가지 더, 극단적인 분노에 이끌리면 터널시야 현상**이 일어나기 쉽다. 고속도로에서 운전 중에 다른 차가 갑자기 끼어드는 걸 보고 '미친놈crazy driver'이라고 욕설을 퍼부을 때를 생각해보자. 아마 분노 때문에 차 안에 다른 사람이 타고 있고, 당신의 욕설을 들으리라는 사실은 잊어버렸을 것이다. 왜 이런 현상이 생길까? 분노에 빠진 상태에서는 자신의 행동이 주변 사람들에게 어떤 영향을 미치는지 망각하기 때문이다. 뒷좌석에 어른들의 행동에 쉽게 영향을 받는 다섯 살짜리 아이가 있을 때조차 말이다. 이런 위험한 예를 학교에 적용한다면 어떻게 될까?

8. **내가 남들보다 낫다는 우월감:** 이렇게 생각하면 쉽다. 학교 리더가 다른 학교 구성원이나 학부모보다 더 낫거나 못난 것은 아니다. 만약 당신

---

* 옐로스톤 국립공원에 있는 수많은 간헐천 가운데 가장 유명한 간헐천으로 평균 65분 간격으로 폭발음과 함께 물보라와 열기를 뿜어 올린다. 화를 자주 내는 것을 비유적으로 표현한 말이다.
** 눈앞의 상황에만 집중하느라 주변에서 일어나는 현상을 제대로 이해하거나 파악하는 능력이 저하되는 현상.

이 자신을 다른 사람보다 낫다고 생각하거나 다른 사람이 처한 상황만 보고 그 사람을 판단한다면 자신을 필요로 하는 사람들과 공감할 수 없고, 효과적으로 도울 수도 없다.

9. **편애나 편 가르기:** 누구나 좋아하는 학생이나 교직원, 학부모 등이 있다. 누구에게나 어느 정도 이러한 편향이 있음을 인정하면 오히려 이를 노골적으로 드러내지 않으려고 노력하는 데 크게 도움이 된다.

10. **남에게 손가락질하기:** '다른 사람을 손가락질할 때 나머지 세 손가락이 자신을 손가락질한다'는 속담이 있다. 리더인 당신에게 책임이 있다는 것을 기억하자. 다른 사람을 비난하면 문제를 해결하지 못할 뿐만 아니라 당신을 향한 사람들의 존경심이 조금씩 사라진다.

공교육의 공정성에 대한 오해

학부모들은 종종 학교의 '공정성'을 '평등'으로 오해한다. 자기 자녀가 이웃의 자녀와 똑같이 대우받아야 한다고 생각한다. 하지만 부모의 이런 생각은 일반적으로 이중성을 지닌다. 혜택은 똑같이 받기를 원하면서 처벌 같은 부정적인 사안에 관해서는 특별 대우를 원한다.

사실 학교 시스템은 평등하게 작동될 수 없다. 학교마다 예산이 다르고, 일반 학생보다 특수교육 대상자에게 더 많은 서비스를 제공하는 수준별 교육이기 때문이다. 따라서 학교가 모든 학생을 정확히 똑같이 대우할 수는 없다.

일부 학생이 특별한 도움이나 제재, 징계를 받는 것이 '불공평하다'라고 지적하는 학부모도 있고, 그렇지 않은 학부모도 있다. 우리는 다양한 학생에게 공정한 교육을 제공하기 위한 보다 합리적이고 논리적인 방법을 학부모에게 알려주어야 한다.

교육에 대해 학부모에게 설명할 때는 우선 프라이버시 보호를 위해 개개의 학생을 두고 토론할 수 없다는 점을 이해시킨다. 교육은 학생이 원하는 것이 아니라 학생에게 필요한 것을 제공하는 시스템으로, 학생은 저마다 다른 필요를 지니고 있고 학교는 학생에게 필요한 맞춤형 교육을 제공한다는 점을 함께 설명한다.

중립적이라는 환상

모든 교육자는 판단에 대한 책임을 피할 수 없음을 직시해야 한다. 교육자들은 종종 특별한 호감을 품은 학생, 학부모, 교직원이 없는 것처럼 보이려고 노력한다. 그리고 학생이나 학부모가 학교에 찾아오면 그들이 교사에게 좋거나 나쁜 인상을 품지 않은, 중립적인 존재라 여기려고 한다. 교사는 다른 것에 영향을 받지 않고 스스로 판단을 내릴 것이니, 학생이나 학부모 역시 아무런 편견이 없는 '백지상태clean slate'로 학교에 오기를 권장한다. 의도는 좋지만 현실적인 것은 아니다.

교사의 판단은 공정하지 않을 수도 있고, 옳지 않을 수도 있다. 또한 우리 생각이 개인적으로나 전문가로서나 최선이 아닐 수도 있다. 이 슬픈 사실을 인정하지 않으려는 것보다 솔직하게 인정하는 편이 변화를 일으키는 데 더 큰 도움이 된다. 교사들은 이런 문제를 솔직하게 털어놓고 서로의 견해를 나누며 조율할 수 있어야만 한다.

참고 문헌

＊ "12 Profound Quotes by Sir Ken Robinson on Creativity." Best Masters in Education. Accessed February 16, 2016. http://www.bestmastersineducation.com/12-quotes-by-sir-ken-robinson-on-creativity/.

1) "Family Grief." *Counselling for Grief and Bereavement Counselling for Grief and Bereavement*. 55-79. doi:10.4135/9781446214800.n4.

2) Carr, Jelleff C. "Gallup Poll Rates Honesty and Ethical Standards." *Regulatory Toxicology and Pharmacology* 29, no. 1 (1999): 96. doi:10.1006/rtph.1998.1284.

3) "How Blaming Teachers Shortchanges Students - NEA Today." NEA Today. 2012. Accessed February, 2016. http://neatoday.org/2012/11/26/how-blaming-teachers-shortchanges-students-2/.

4) Hanna, Laurie. "Delaware Parents Angry after School Accidentally Sends out 'Hurt Feelings Report' They Say Mocks Bullying." *New York Daily News* 19 Feb. 2016. Web.

2장

·······

너 자신을 알라

| 문제 해결을 위한 다섯 가지 갈등 관리 전략 |

너 자신을 알라.

- 소크라테스(Socrates)*

'바다가 고요할 때는 누구나 키를 잡을 수 있다'라는 푸블릴리우스 시루스^{Publilius Syrus}의 말처럼, 아무 문제가 없을 때 지도자 노릇을 하기는 쉽다. 그저 키를 똑바로 잡고 있으면 되니까 말이다. 하지만 파도가 일기 시작하고, 먹구름이 몰려오고, 번갯불만이 유일한 빛일 정도로 깜깜할 때는 배를 조종하는 것이 매우 어렵다. 응대하기 어려운 학부모와 심각한 갈등이 발생할 때도 그러하다. 이럴 때

야말로 이들과의 상호작용에 큰 노력을 기울여야 한다.

자신의 갈등 관리 유형을 아는 것의 중요성

우리 모두는 각자 독특한 강점과 약점을 가지고 있다. 자신의 잠재적 강점과 약점뿐만 아니라 자신이 누구인지, 어떤 성격인지 알아야 한다. 전혀 준비하지 못했거나 방심한 상태일 때 일어나는 돌발상황은 아킬레스건이 될 수 있지만, 이 두 가지를 파악하고 있으면 갑자기 곤란한 상황에 부딪혀도 잘 대처할 수 있다.

이러한 준비는 자신의 갈등 관리 유형을 이해하는 것에서 시작된다. 누구에게나 무의식적으로 반복해서 사용하는 갈등 관리 전략이 있다. 지금까지는 이러한 갈등 관리 전략이 당신의 성격과도 잘 맞고 효과적이었겠지만, 그 전략이 교육 리더로서 마주하게 되는 다양한 이슈와 사람, 문제 들을 다룰 때 항상 적절하지만은 않다는 것을 이미 깨닫고 있을 것이다. 특정 유형의 갈등이나 특정한 성격을 가진 사람을 대할 때, 또는 특정한 상황에 부닥쳤을 때 잘 대처할 수 있는 전략이 따로 있다. 이 장에서는 갈등을 해결하는 다섯 가지 유형을 살펴볼 것이다. 자신이 어떤 유형인지 파악하고, 갈등 상황별로 어떤 전략이 유용할지 생각해보자.

회피형(Avoidance):
"시간이 해결해줄 거야."

사람들은 대부분 갈등을 좋아하지 않는다. 갈등 회피형의 사람들은 특히 심해서 언쟁이 벌어질 기미만 보여도 눈에 띄게 불편해하고, 불화를 피하고자 할 수 있는 일은 무엇이든 하려는 경향이 있다. 때로는 오직 갈등을 피하고자 원칙적으로 동의할 수 없는 의견에 동의해버리기도 한다. 불편한 만남에서 도망치거나 갈등을 일으킬 만한 주제를 피하고, 가벼운 유머로 첨예한 문제를 넘겨버리며, 껄끄러운 문제들은 아무리 중요하더라도 아예 무시한다. 이 유형의 기본적인 생각은 '문제를 언급하지 않으면 땔감이 떨어진 모닥불처럼 문제가 스스로 소멸할 것이다'라는 것이다.

때로는 이런 전략이 좋을 수도 있다. 모든 갈등 상황을 싸움이나 논쟁으로 해결할 필요는 없다. 만약 갈등을 싸움으로만 해결하려 하면 당신은 금세 지쳐버릴 것이다. 그러면 학교는 멈추고 교육은 실패한다. 그렇다고 해서 특정한 문제가 발생하였을 때 적절한 조처를 하지 않으면 나중에 더 심각하고 중대한 결과를 초래할 수도 있다.

당신이 회피형에 속한다면 스스로에게 다음의 질문들을 던져보아야 한다.

· **싸울 가치가 있는 문제인가?** 싸울 가치가 있다면 피해서는 안 된다.

- **앞으로의 안전과 관련된 문제인가?** 그렇다면 지금 바로 다루어야 한다.
- **이 문제가 교육자로서의 나의 가치관, 비전에 직접적으로 반하는가?** 만약 그렇다면 가능한 한 빨리 대처해야 한다.
- **여기서 물러나면 어떤 결과가 발생할까?** 만약 당신이 갈등에서 순순히 물러서면 상대하는 학부모나 가족은 자기 마음대로 해도 괜찮다는 신호로 인식할 것이다. 그러면 나중에 이차적인 문제나 더욱 심각한 갈등이 발생할 때 경계를 설정하기가 훨씬 더 어려워진다.

수용형(Accommodation):
"모두와 친구가 되고 싶어."

아무도 '병신', '개자식', '상놈'(나쁜 말들이지만 실제로 쓰이는 말들이다) 따위로 불리기를 원하지 않는다. 수용형에 속하는 사람들은 한 발 더 나아가 학생, 교직원, 학부모 등 주변 모든 사람과 친구가 되기를 원한다. 하지만 아무리 양보하더라도 언젠가는 한계에 부딪히고, 상대방과 싸우거나 공격하는 것 외에는 방책이 없는 상황에 놓인다. 그러면 더는 모든 사람과 친구가 된다는 전략을 사용할 수 없다. 학교라는 공동체를 흔들지 않으려는 노력은 높이 사지만 이 유형에 속한다면 다음과 같은 질문을 스스로 던져보아야 한다.

- **내가 이용당하고 있지는 않은가?** 모든 사람과 친구가 되려다 보면 이용

하려 드는 사람들이 생긴다. 몇몇 학부모는 요구할 수 있는 한계를 찾기보다는 그저 당신을 '강하게 요구하면 다 들어주는 사람' 취급할 것이다. 어느 순간 도와주려고 했던 사람들에게 이용당하고 있는 자신을 발견할 것이다.

- **자신의 역할에 의문이 드는가?** 모든 사람과 친구가 되려고 하면 역할의 경계가 모호해진다. 학부모들은 당신을 너무 편하게 생각해 '친절하니까 괜찮아'라며 선을 넘게 된다. '친절함'과 격의 없는 '친구 사이'를 혼동해서는 안 된다.

- **학부모는 친구인가, 적인가?** 모든 사람과 친구가 되어 도움을 주려는데 일부 학부모가 당신의 친절을 받아들이지 않는다고 하자. 많은 사람은 이럴 때 그들을 적으로 분류하는 경향을 보인다. 그러나 실제 인간관계에서 명백한 친구나 적은 거의 없다. 인간관계의 스펙트럼에서는 오히려 경계가 불분명한 회색 지대가 훨씬 넓다. 학부모와 상호작용하거나 의견을 수용할 때는 지나치게 긍정적이거나 부정적인 것을 가려가며 받아들여야 한다.

지배형(Domination):
"내 말을 듣고 따르세요."

누구나 이런 상사를 경험한 적이 있을 것이다. 이런 상사는 부하직원이 앞으로 할 일과 해야만 하는 일, 처리 방법까지 모두 지시한다. 자신의 방식만이 유일하고 올바른 방법이라고 생각하며 이를 강요한다. 이들은 모든 상황을 '승리'와 '패배'로 나누고, 승자가 되기 위해 싸우라고 독려한다. 상사가 이 유형이라면 당신은 누군가의 희생을 밟고서라도 승리해야 하고, 실제로 그렇게 할 것이다.

혹시 이 유형에 속한다면 다음과 같은 사실을 명심해야 한다.

- **일 처리에 한 가지 방법만 있는 게 아니다:** 당신이 지배형이라면 자신의 방식만이 옳다고 생각하는 경향이 있을 것이다. 그래서 좋은 아이디어를 내는 조용한 목소리를 듣지 못할 수 있다. 당신의 생각과 주장을 잠시 멈추고 다른 사람의 생각을 들어야 한다.
- **강하게 이야기한다고 좋은 결과가 나오지는 않는다:** 큰소리로 이야기하거나 의견을 강압적으로 피력한다고 해서 차분한 논의를 통해 설득할 때보다 상대방이 당신의 생각을 더 잘 받아들이는 것은 아니다.
- **언제나 승자와 패자가 나뉘는 것은 아니다:** 지나치게 단호하게 말하며 상대를 공격하거나 관계를 끊어버리면 아무도 승자가 되지 못한다. 문제가 있을 때 모두 승자가 될 방법을 생각해야 한다. 상대방이 지면 당신도 지고, 당신이 지면 상대방도 지는 것으로 생각하자.
- **반드시 승리해야 하는 경우도 있다:** 안전과 관련된 문제의 경우에는 지배형 갈등 관리 유형이 매우 유용하다. 학생이나 학부모가 실제로 위험에 처한 상황에서는 주저하면 안 된다. 이때야말로 전략을 발휘해야 한다. 안전 문제에 적당한 타협이란 없다. 관련된 모든 사람에게 정말로 '승패'가 있다는 것을 알아야 한다.

협력형(Collaboration):

"함께 해결책을 찾아봐요."

만약 누군가 갈등을 해결하는 가장 좋은 방법을 묻는다면 이 유형이라고 답할 것이다. 협력형의 사람들은 갈등이 생겼을 때 상대와 마주 앉아 서로가 만족할 수 있는 해결책을 찾으려고 한다. 즉, 이 유형의 사람들은 학교에서 학생과 교직원 모두에게 긍정적인 영향을 줄 방안을 찾으려 노력한다.

그러나 아무리 협력이 갈등 해결에 유용하다고 해도 물러서서는 안 되는 부분은 있다. 대표적으로 다음과 같은 부분은 양보해서는 안 된다.

- **당신의 가치관을 지켜라:** 학교 문제를 해결할 때 학생이나 학부모와 협력하는 것은 여러 면에서 득이 된다. 그러나 자신만의 확고한 가치관, 비전, 원칙은 가지고 있어야 한다. 그래야만 주어진 경계 내에서 어디까지 물러설 수 있는지 알 수 있다. 기준이 확고하면 필요에 따라 적절히 협력하거나 조정하다가도 선을 넘었을 경우 거부할 수 있다.
- **협력에는 쌍방의 노력이 필요하다:** 협력할 때는 우선 학부모에게 당신도 협력해야 한다는 점을 이해시켜야 한다. 협력에는 교육자와 학부모 양쪽의 행동이 필요하다. 협력에는 서로 같은(적어도 비슷한) 에너지가 필요하므로 전혀 관심이 없거나 어찌할 바를 모르는 학부모와는 협력이 이루어지기 어렵다. 이런 학부모는 제대로 협력할 수 있는 상

태가 아닐 확률이 높다. 그러므로 너무 많은 기대를 하지 않는 것이 좋다. 기대를 많이 하면 결국 실망하고, 해결책도 비효과적일 가능성이 크다.

- **협력은 한쪽만 승자가 되는 것이 아니다:** 학부모는 한배에 탄 동료이다. 같은 목적지에 도달하기 위해 함께 노력해야 한다. 그것이 협력이다. 학부모보다 무관심해서도 안 되지만 또 하나의 교육 당사자인 학부모보다 지나치게 더 열심히 해서도 안 된다.

타협형(Compromise):
"이쯤에서 합의할까요?"

이 유형의 사람들은 타협점을 찾으려고 노력한다. 만약 타협할 수 있는 중간 지점을 찾고 이에 만족한다면, 당신은 타협형에 속한다고 볼 수 있다.

이 유형의 궁극적인 목표는 양쪽이 모두 양보함으로써 서로 이득을 볼 수 있는 해결책(사실상의 '원윈win-win' 해결책)을 찾는 것이다. 이러한 전략을 적용하는 게 자신의 가치관을 포기하거나 학생에게 최선인 것을 거부해도 된다는 의미가 아니라는 것을 명심해야 한다. 이 전략의 목표는 관계자 모두 원하는 것의 일부를 얻고 만족하는 것이다.

이런 방식은 잘 사용하면 매우 유용하지만, 다른 유형과 마찬가지로 한계와 단점이 있어서 모든 학부모에게 일괄적으로 적용할 수 있는 최선의 전략은 아니다.

이 유형의 단점은 이 전략을 사용하는 사람들이 협력적 관계 속에서 모두 만족할 수 있는 방안을 찾는 데 초점을 두는 것이 아니라 각자 원하는 것과 포기할 수 있는 것을 가지고 흥정하며 타협점만 찾으려고 하는 경향을 보인다는 것이다. 게다가 모두 만족할 수 있는 중간 지점이 없는 주제의 경우 이 유형으로 갈등을 해결하기는 매우 어렵다.

갈등 관리 스펙트럼

사람은 누구나 원하는 것을 얻기 위해 자기만의 방식을 사용한다. 예를 들어, 쇼핑에 따라온 아이들은 원하는 장난감이 있으면 엄마나 아빠를 설득하기 위해 비명을 지르거나 화내거나 간청하거나 알랑거린다. 아이들은 다양한 방법을 하나씩 시도하면서 어떤 게 효과적이고 또 효과가 없는지 빠르게 학습한다. 알랑거리는 게 통하지 않으면 재빠르게 애걸하기로 전환하고, 엄마를 설득하는 데 실패하면 아빠에게 간다. 모든 방법이 실패하면 마지막 수단으로 바닥에 누워서 떼를 쓸지도 모른다. 요점은 아이들이 상황을 재빠르게 판단하고, 그 상황에서 가장 효과적인 도구를 찾아 적절히 대응한다는 것이다.

당신은 앞으로 수많은 갈등을 겪을 것이다. 앞서 이야기한 아이들처럼 당신도 자신에게 잘 맞는 갈등 관리 방식이 어떤 것이며 그 방식이 당신이 마주한 문제에 적합한지 살펴야 한다.

우리의 갈등 관리 유형은 수동성에서 공격성으로 이어지는 스펙트럼 상에 위치한다. 어떤 사람은 매우 수동적이어서 다른 사람들과의 문제를 쉽게 해결하지 못한다. 이런 사람은 학부모나 교직원을 비롯해 상대방을 화나게 할까 걱정되어 문제 해결에 적극적으로 나서지 못하는 경향이 있다. 이들은 문제를 해결하지 못한 자신을 책망하고, 자신의 내면을 향해 분노한다. 이러한 상황이 계속되면 우울증으로 이어질 수 있다.

반대로 아주 공격적인 사람도 있다. 당신도 한 번쯤 갈등을 공격적으로 해결하려 하는 상사를 만난 적이 있을 것이다. 이런 사람은 상습적으로 핏대를 세우고 고함을 지른다. 주장을 관철시키기 위해 더 크게 소리 지르거나 겁을 주기도 한다.

양극단에 치우치지 않고 균형을 이룬 단호한 유형도 있다. 단호한 유형의 사람들은 동네북처럼 다른 사람에게 당하고만 있지도 않고, 그렇다고 해서 자신의 의견을 관철하기 위해 다른 사람을 위협하지도 않는다. 이런 사람들은 수동적 성향의 사람처럼 갈등 상황을 회피하려고 하거나 공격적 성향의 사람처럼 자기 마음대로 처리하려고 하지도 않는다.

당신은 어떤 유형에 해당하는가? 문제가 벌어졌을 때 어떤 성향

| 공격적 유형 |

신념: 크고 강하게 말할수록 다른 사람이 말을 잘 듣고 존중한다.

결과: 다른 사람들이 즉시 반격하거나 피한다. 혹은 파생되는 결과가 두려워 당신이 필요로 하는 정보를 주지 않는다.

문제점: 공격성은 경계를 존중하지 않는 것으로 이어진다. 그래서 이런 사람들은 갈등 상황에서 경계를 넘는 경우가 잦다.

이 유형을 적용하기 좋은 경우: 비상 상황이나 명백하게 안전과 관련된 상황에서는 이 유형이 최적이다. 이런 상황에서는 당신의 역할과 경계를 분명히 해야 한다.

| 단호한 유형 |

신념: 나는 당신과 이성적으로 문제에 대해 토론하고 타협할 수 있다.

결과: 다른 사람들이 행동 경계와 규칙, 역할을 존중해야 한다는 것을 깨닫게 되고, 당신도 그들의 말을 경청하고 존중할 것이다.

문제점: 비상 상황에서는 협상할 시간이 충분하지 않을 수 있다. 작은 문제의 경우 다른 갈등 해결 전략을 사용하고, 중대한 문제를 해결할 때 이 유형의 전략을 사용하는 것이 좋다.

| 수동적 유형 |

신념: 친절한 것은 언제나 옳다. 친절로 상대를 누그러뜨리고 무슨 수를 써서라도 갈등을 피하는 것이 옳다.

결과: 다른 사람들이 넘어서는 안 될 경계나 가치가 무엇인지 이해하지 못하거나 당신을 이용하려고 할 것이다.

문제점: 갈등 상황이 생길 때마다 충돌이 커지는 것을 피하기 위해 다른 사람에게 양보한다. 이런 일이 계속되면 다른 사람에게 이용당하는 자신에게 화가 나고, 다른 사람에게 더 이상 "네"라고 말할 수 없는 지경까지 몰리게 되면 결국 공격적 태도를 취하게 될 수 있다.

이 강하게 나타나는가? 자신의 지능지수^{IQ}나 감성지수^{EQ}는 알고 있겠지만, '갈등 해결 지수$^{CQ: \text{ conflict resolution quotient}}$'도 알고 있는가? 갈등 해결 지수는 공식 용어는 아니다. 하지만 갈등이나 문제 상황을 효과적으로 해결하기 위해 발현되는 자신의 능력과 강점, 선호하는 갈등 관리 전략을 쉽게 이해할 수 있는 지표 중 하나다.

부록에 있는 검사를 이용하면 당신이 갈등 상황에서 어떤 성향을 띠는지 알 수 있다. 특정 유형이 다른 유형보다 월등히 좋거나 나쁜 것은 아니다. 마주한 문제에 따라 달라지기 때문이다. 갈등을 해결할 때 자신의 능력으로 할 수 있는 게 무엇인지 잘 알고, 다루기 어려운 문제를 해결하기 위한 다른 기술을 익히려고 노력하는 것이 중요하다. '가진 것이 망치뿐이면 모든 것이 못처럼 보인다$^{If you}$ $^{have only a hammer then everything looks like a nail}$'*라는 말도 있다.

한 가지 방식만 이용해 문제를 해결하는 것은 최선이 아니다. 다양한 전략을 익히면 갈등에 더 효과적으로 대처할 수 있다. 그러지 않고 하나의 방식만을 고집하면 늘 똑같은 결과만 얻게 된다. 갈등 해결 지수 검사는 책 끝의 부록에 담았으니 참조하기 바란다.

참고 문헌

* "By All Means Marry; If You Get a Good Wife, You'll Become Happy; If You Get a Bad

---

* 문제의 특성은 고려하지 않고 모든 문제를 단순하게 자신의 친숙한 방식 혹은 도구로 해결하려고 한다는 의미의 미국 속담.

One, You'll Become a Philosopher." Socrates Quotes (Author of Essential Thinkers - Socrates). Accessed February 23, 2016. http://www.goodreads.com/author/quotes/275648. Socrates.

3장

책임을 받아들이기
| 우리가 잘못된 결정을 하는 이유 |

인생의 모든 것에 책임을 지는 순간이 인생에서 무엇인가를 바꿀 수 있는 순간이다.

- 할 엘로드(Hal Elrod)

당신 때문임을 받아들여라

거울을 보자. 당신은 학교 운영이라는 매우 어려운 일을 하고 있다. 책임질 일도 산더미처럼 쌓여 있다. 이런 상황에서는 자신이 역할을 성공적으로 수행하는 데 꼭 필요한 부분을 잊기 쉽다. 자신의 내면을 들여다보고 스스로 통제할 수 있는 것은 어떤 것인지, 또 그

것을 어느 정도까지 변화시킬 수 있는지 깊이 생각해보아야 한다.

때로는 책임을 받아들이는 것이 가장 어려운 일일 수 있다. 일을 정치적, 행정적 혹은 관료적으로 처리하는 경우를 많이 보았을 것이다. 또한 다른 사람이나 상황에 책임을 떠넘기는 경우도 많이 보았을 것이다. 책임을 지지 않는 것은 배우고 더 나아질 기회를 스스로 버리는 것이다. 잘못된 결정은 당신의 책임이다. 왜 잘못된 결정을 하는지 이유를 안다면 왜 이것이 당신의 책임인지 이해할 수 있을 것이다.

우리가 잘못된 결정을 하게 만드는 요인은 다음과 같다.

두려움, 지연 행동, 우선순위의 부족

우리는 두려움을 느끼면 결정을 미루는 경향이 있다. 작고 사소한 문제에 대해 걱정하거나 너무 깊게 생각하느라 당장 처리해야 하는 더 큰 문제에 제때 반응하지 못할 수도 있다. 간단히 말해 일을 미루는 데 프로가 되는 것이다.

'만약 이런 일이 벌어지면 어떻게 하지?'라는 걱정이 들 때는 그런 일이 벌어질 확률이 얼마나 되는지 생각해보아야 한다. 그 걱정이 '길을 가다 벼락에 맞으면 어쩌지?' 수준의 쓸데없는 걱정일지도 모른다. 맑은 날에 벼락 맞을 일은 거의 없다. 그런 걱정을 하느니 차에 치이지 않도록 조심하는 것이 낫다.

걱정거리가 있으면 직접 부딪쳐 해결해야 한다. 해결을 질질 끌거나 학부모, 교직원과 만나는 것을 계속 미루면 문제는 점점 커진다. 그러다 막상 해결하려고 할 때는 상황이 훨씬 나빠져 있다. 문제가 생기면 바로 부딪쳐 해결해야 밤에 두 발 뻗고 잔다.

경청하지 않음

학부모나 교직원의 말을 건성으로 듣는 것은 듣지 않는 것이나 마찬가지이다. 사람들은 당신이 진심으로 이해하려고 노력하지 않으면서 듣는 척만 한다는 것을 직관적으로 알아챈다. 다른 사람의 말을 경청하지 않는다면 그들은 똑같이 경청하지 않음으로써 그들의 말에 귀 기울이도록 할 것이다. 학부모나 교직원의 말을 제대로 들어라. 경청하지 않을 것이면 굳이 시간을 내어 만나고 이야기를 들을 필요도 없다.

'아니요'라고 말하지 못함

우리는 종종 누군가로부터 '아니요'라는 말을 들으면 이를 거절로 받아들이거나 그냥 그 사람을 '비열한' 사람으로 취급하는 경향이 있다. 특히 교육자들은 협력적인 팀원으로 보이지 않을까 봐 동료나 학부모를 비롯한 다른 사람들에게 '아니요'라고 말하는 것을 주저하는 경향이 더 강하다. '아니요'라고 말하기를 망설이는 시간이 길어지면 당신이 할 수도 없고 할 생각도 없는 일에 '예' 하고 대답하는 경우가 생긴다. 그러면 결국 할 수도 없고 하고 싶지도 않은 일을 떠맡아 남을 원망할 뿐 어찌할 바를 모르게 된다. 만약 자신이 최선의 상태가 아니라면 다른 사람의 일을 떠맡아서는 안 된다.

안타까움

우리는 안타까움이라는 감정에 휩쓸려서 결정하는 경우가 종종 있다. 학부모나 학생과 상담하면서 '너무 안됐다'라는 생각이 든 적이 있을 것이다. 다른 사람의 문제에 공감하고 할 수 있는 범위 내에서 변화시키는 것은 중요하다. 그러나 안타까움에 휩쓸려 충동적으로 결정을 내리면 균형 잡힌 판단을 할 수 없다. 게다가 이런 감정을 계속해서 경험하면 점점 지치고, 시간이 지나 만성 피로나 번아웃^{burn-out}으로 이어진다. 그냥 안타까워하는 대신 '내가 이것을 바꿀 수 있을까? 바꿀 수 있다면 어떻게 바꿀 수 있을까?'라고 스스로에게 물어보자. 만약 스스로의 힘으로 상황을 바꿀 수 없다면 이를 인정하고 다른 데 에너지를 쓰는 것이 낫다.

유머 부족

평범한 학교의 일상에서도 주위를 둘러보면 웃을 일을 찾을 수 있다. 농담을 던지며 모든 일을 너무 심각하게 받아들이지 않도록 하면 완전히 소진되는 위험을 피할 수 있고, 다른 사람들도 당신을 지나치게 진지한 사람이라고 생각하지 않는다.

지나친 걱정

어떤 선택을 할 때 앞으로 벌어질 일에 미리 대처하기 위해 '만약 우려하던 일이 생기면 어떻게 하지?' 하고 스스로 물어보는 것은 좋다. 하지만 의사결정을 할 수 없을 정도로 끊임없이 '만약'을 걱정하면 문제가 된다. 만약을 가정할 경우 그런 일이 벌어질 확률이 얼마나 되는지도 같이 고려해야 한다. 이렇게 해야 균형 잡힌 결정을 내릴 수 있고, 끊임없이 계속되는 걱정, 두려움, 지연이라는 덫에 빠지지 않는다.

극단적인 반응을 보이는 사람

교사나 학부모 중에는 늘 부정적 반응을 보이거나 극단적인 반응을 보이는 사람도 있다. 결정을 내릴 때는 이런 사람들을 멀리해야 한다. 논리와 감정을 균형 있게 고려한 결정을 내리는 데 방해가 되기 때문이다.

똑같은 생각의 반복

생각이 감정에 너무 많이 휘둘리면 아무 결정도 못 내리고 우왕

좌왕하는 경우가 생긴다. 이럴 때 자신의 마음을 들여다보면 지나치게 많은 생각이 아니라 그저 똑같은 생각을 반복하고 있다는 것을 깨닫게 될 것이다. 특히 밤에 생각이 깊어 잠이 오지 않는다면 당신이 택할 수 있는 선택지들의 긍정적, 부정적 측면을 목록으로 작성해보자. 여러 방안 중 하나를 선택해야 할 때 흔히 사용하는 효율적인 의사결정 방법이다.

어떤 선택을 하든 되돌릴 수 없는 결정이란 없다. 잘못된 결정을 내렸으면 인정하고 바로잡으면 된다. 자존심과 고집 때문에 잘못된 길로 계속 가서는 안 된다. 반대 의견에 귀 기울이고, 그것이 타당하면 수용하자. 신뢰할 수 있는 동료의 의견을 구하는 것도 좋다. 듣기 좋은 대답이나 그냥 '예' 하는 대답보다 솔직한 의견을 말해줄 것이다.

참고 문헌

* By Choosing Your Purpose in Life -a Purpose That Serves the Greater Good- and Devoting the Majority of Your Time, Energy, And Attention Everyday toward Living It, You Discover the Secret to a Life of Fulfillment, "Inspiring Quotes | Successful Habits | Your Morning Routine." HalElrod.com. Accessed March 9, 2016. http://haelrod.com/quotes/.

4장

·········

기반 다지기

| 학부모와 대화하기 전 준비할 것 |

누군가와 갈등을 겪을 때, 상대방과의 관계를 완전히 망치거나 더욱 깊게 만들 수 있는 한 가지 요인이 있다면 그것은 바로 태도이다.

- 윌리엄 제임스(William James)

어떤 사람들이 예고 없이 집에 들이닥쳤다고 상상해보자. 문을 벌컥 열고 하는 일, 아이를 돌보는 방법, 일하는 순서에 대해 무자비하게 비판하는 동시에 아이를 제대로 돌보지 않는다고 비난한다. 아마 잠시 망연자실하겠지만 이내 화가 나기 시작할 것이다. "누군데 감히 나와 내 아이에 대해 뭐라고 하는 거야? 심지어 초대하지도 않았는데! 어떻게 감히 나와 내 아이에게 뭐가 더 좋은지 나보다 잘 안다고 주장하지?"

'나는 학부모들에게 이런 식으로 하지 않아'라거나 '나는 학부모들과 함께 협력할 방안을 찾으려고 노력하지 이런 식으로 학생의 가족을 대하지는 않아'라고 생각하는가? 비록 당신은 학부모들에게 이런 식으로 접근하지 않는다고 생각하더라도 학부모들의 생각은 전혀 다를 수 있다. 학부모의 학교에 대한 생각과 태도는 전임 교장이나 다른 교사들에 의해 형성되었을 수도 있고, 어쩌면 학부모 자신이 학생이었을 때의 경험에서 비롯되었을 수도 있다. 학부모와 건강한 관계를 만들기 위해서는 가능한 한 빨리 당신이 학생들을 가르치는 사람이자 지지하는 사람이라는 기반을 다져두어야 한다.

쇠가 차가울 때 두드려라

일반적으로 학부모와 처음 만나는 건 언제일까? 아마도 학생에게 문제가 생겼을 때일 것이다. 그러므로 우리가 학부모와 나누는 첫 번째 대화는 학생의 잘못을 다루는 부정적인 내용일 가능성이 크다. 교사는 학생이 나쁜 행동을 보였다거나 잘못된 선택을 했다는 등 부드럽게 이야기하겠지만, 부모의 귀에는 사랑스러운 자녀를 비난하는 말로 들린다.

새 학년이 막 시작한 직후는 일종의 '밀월 기간'으로 학생들이

해도 되는 일과 해서는 안 되는 일의 경계를 시험하는 시기이다. 교사는 학생들의 과거 평판과 기록을 바탕으로 학생들에 대한 정보를 수집한다. 이때가 부모와 만날 적기이다. 문제가 불거지기 전 말이다. 이때 아이들에 대해 긍정적인 말을 해주어야 한다. 맞는 말이긴 한데 학년 초는 너무 바빠 도저히 학부모를 만날 시간이 없다는 생각이 들 테지만, 이 시기에 학부모에게 긍정적인 말을 해두지 않으면 아마도 문제가 생겨 학부모와 만날 때마다 그런 말을 해야 할 것이다.

인간은 본디 부정적인 것을 더 잘 기억한다는 점을 명심해야 한다. 고등학교 시절을 되돌아보면 우등생보다 '말썽꾸러기'였던 아이들이 더 잘 기억날 것이다. 만약 누군가 부모님이 했던 가장 부정적인 말이 무엇이었는지 묻는다면, 긍정적인 말보다 빨리 기억해낼 가능성이 훨씬 더 크다.

상담 분야에는 '1 대 5 법칙'이라는 말이 있다. 부정적인 말 하나를 상쇄하기 위해서는 다섯 개의 긍정적인 말이 필요하다는 것이다. 어떤 가족이 학교에 관한 부정적인 경험을 한 적이 있다면, 이들의 생각을 긍정적인 방향으로 돌려놓기 위해 학생에 대해 얼마나 많이 긍정적으로 평가해주어야 할지 생각해보자.

학부모와의 관계를 부정적인 대화로 시작한다면 학부모는 당신을 '학생에게 부정적 평가를 하는 사람'으로 기억할 것이다. 반면 밀월 기간에 긍정적인 말로 관계를 시작해두면 학부모와 매우 튼튼한 연결고리를 맺고 출발할 수 있다. 자녀가 학교에서 생활하는 모습을 구체적으로 설명하고, 다소 사소한 부분이더라도 학생의 긍정적인 점을 찾아서 전달하려고 노력해야 한다.

학생에 대해 긍정적인 말을 할 때마다 학부모의 '신뢰 은행'에 저금한다고 생각하자. 부정적인 말은 반대로 돈을 뽑는 것이다. 돈을 너무 많이 뽑아 마이너스 통장이 되면 이자가 발생하고, 당신과 학부모의 전반적인 관계에 불신이 싹튼다.

구겨진 종이 하트 이론

종이 하트는 용서에 관해 배울 수 있는 가장 효과적이고 간단한 방법이다. 먼저 종이를 잘라서 똑같은 모양의 하트를 두 개 만든다. 학생들에게 용서와 사과를 주제로 토론하도록 한 후 종이 하트 중 하나에 욕을 적게 한다. 그리고 종이 하트를 구기고, 짓밟고, 더럽히게 한다. 다음으로 학생들에게 종이 하트를 향해 자신의 말과 행동에 대해 진심으로 사과하도록 한다. 마지막으로 구겨지고 찢어진 종이 하트를 처음 새것일 때의 상태로 되돌려놓으라고 한다.

당연히 종이 하트를 펴고 찢어진 부분을 테이프로 붙이며 수선하려고 아무리 애써도 처음 상태로 되돌려놓을 수는 없다. 이를 통해 학생들에게 부모님이나 선생님에게 생각 없이 말하면 이와 같은 일이 벌어진다는 것을 깨우쳐줄 수 있다.

한번 입 밖으로 내뱉은 말은 다시 주워 담을 수 없고, 주위 사람들과의 관계에 생긴 주름, 구겨진 선, 상처도 완전히 없어지지 않는다. 사람은 강한 기억력을 가지고 있으며, 부정적인 기억은 긍정적인 것보다 훨씬 더 오래 그리고 깊게 남는다.

꺼내기 어려운 문제에 과감히 대처하라

부정적인 말을 하지 않으려고 너무 조심하느라 학부모와의 면담을 제대로 진행하지 못하는 경우가 있다. 면담과 상황을 진전시키기 위해 정말로 말해야 할 것을 말하지 않는 것이다. 개입이든 걱정거리든 행동이든 간에 분명 중요한 문제임에도 불구하고 이에 대한 언급을 피하거나 에둘러 이야기하고, 결코 직접 말하지 않는다. 무슨 말을 해야 하는지 알고 있지만 말하는 것을 주저하는 건 아마도 학부모에게 상처를 주거나 감정적인 폭발을 일으킬까 봐 두렵기 때문일 것이다.

문제 제기는 단도직입적으로 해야 한다. 학부모나 학생의 가족에게 상처 주는 말을 해도 된다거나 의도적으로 공격하라는 의미가 아니다. 단지 문제를 언급하는 것이 두려워 문제 제기 자체를 피해서는 안 된다는 것이다.

교사 중에는 말하는 기술이 뛰어난 사람들이 있다. 이들은 직설적으로 이야기하면서도 자신이 학부모에게 공감한다는 것을 표현한다. 이런 교사들이 꺼내기 어려운 문제를 제기하는 역할에 적격이다. 이들은 마치 숙련된 외과의처럼 세심하게 주제에 접근하여 최대한 감정을 다치지 않게 하면서 문제점만 공략하여 처리한다. 당신의 학교에도 이런 사람이 한두 명은 분명히 있을 것이다.

'미친놈'과 '바보'

갈등에 어떻게 대처하는지 알 수 있는 가장 좋은 방법은 극심한 스트레스 상황에서 어떻게 반응하는지 분석하는 것이다. 고속도로 운전만큼 많은 사람에게 큰 스트레스를 유발하는 것은 없다. 고속도로를 주행할 때 아주 빠르게 추월하는 '미친놈'뿐만 아니라 너무 느리게 운전하는 '바보'에게도 화를 낸 적이 있을 것이다.

그런데 이런 상황이 당신의 운전 속도와 운전 능력 때문에 생긴다고 생각해본 적이 있는가? 천천히 가는 차를 보고 그 사람의 차가 잘 작동하지 않거나 앞에 사고가 나서 천천히 가고 있다고 생각한 적도, 빠르게 달리는 차를 보고 비상 상황이 벌어져서 빨리 달리는 것일 수 있다고 생각한 적도 없을 것이다.

많은 사람이 '이런, 저 사람 좀 천천히 가네! 무슨 일 있나?' 하는 식으로 침착하게, 객관적으로 판단하지 않고 '미친놈'이나 '바보'라고 소리치며 운전자의 인격을 공격한다는 것을 알고 있는가? 이는 심리학에서 귀인 오류^{attribution error}(사회심리학자인 리 로스^{Lee Ross}가 만든 용어이다)라 하는데, 갈등이나 스트레스가 심해지면 상황 요인을 이해하려고 하기보다는 다른 사람을 공격하는 쪽으로 기울어지는 경향[1]을 보이는 것을 지칭한다.

　귀인 오류는 빠지기 쉬운 함정이므로 매우 조심해야 한다. 만약 갈등이 생겼을 때 한쪽이 도덕적으로 잘못했다면 갈등을 해결하기보다는 그 사람을 공격하기 쉽다. 학부모, 교사 혹은 학생들이 문제를 일으켰을 때 이들을 비난하는 것은 문제 해결에 도움이 되지 않는다. 어떤 식으로든 이들을 변화시키는 것만이 유일한 해결책이다.

믿음은 110%의 현실

　사람들은 자신만의 색안경을 끼고 세상을 바라본다. 어떤 사람은 자신뿐만 아니라 다른 모든 사람의 긍정적인 면만 보이는 장밋빛 안경을 끼고 있다. 어떤 사람은 의심스러운 것, 부정적인 것만 돋보이는 회색 안경을 끼고 있다. 어떤 색의 안경이든 사람들은 자신의 안경에 비친 모습만을 사실로 받아들이려고 한다.

　어떤 학부모에게 그들의 믿음이나 인식이 틀렸다고 말하는 것은 파란 안경을 쓴 사람에게 '이 세상은 파란색이 아니야'라고 말하는 것과 같다. 사람들은 믿음을 쉬이 바꾸지 않는 경향이 있으므로 당신의 생각을 그들에게 강요해서는 안 된다. 그들의 생각을 그대로 받아들이고 적절하게 대응해야 한다. 마찬가지로 학부모에게 '그렇게 생각하지 마세요'라고 말하는 것은 학부모의 입장을 존중하지 않는 것이다. '저도 겪어봐서 잘 압니다'라는 말도 학부모에게는 별 도움이 되지 않는다. 당신이 정말 비슷한 상황을 겪었을 수도 있지만, 당신이 그 학부모가 처한 독특한 상황과 현실 속에서만 느낄 수 있는 감정과 생각을 직접 경험한 것은 아니기 때문이다. 그러니 될 수 있으면 이런 말들을 피해야 한다.

당신은 어떤 유형의 부모인가?

사람들은 양육에 있어서 자신이 적절하다고 생각하는 것에 근거하여 남을 판단하는 경향이 있다. 그런데 자신의 양육 방식이 정말로 가장 좋고, 가장 효율적이라고 말할 수 있을까? 부모들의 양육 방식은 느긋한 부모, 엄격한 부모, 민주적인 부모, 보호적인 부모와 같이 네 가지 유형으로 분류할 수 있다. 대부분의 사람은 자신의 양육 방식을 기준으로 어떤 것이 좋은 양육 방식인지 아닌지 판단한다.

그러므로 사람들이 각자 자라온 환경, 문화, 경제 상태, 나이 등에 따라 각기 다른 방식으로 양육할 수 있다는 점을 알고 있어야한다. 귀인 편향attribution bias*을 유념하며, 다른 사람의 양육 방식에 관한 대화를 할 때는 적절하게 물러설 줄 알아야 한다.

---

* 사람들이 자신의 행동이나 다른 사람의 행동에 대한 이유를 찾거나 평가할 때 객관적인 사실에 근거하지 않고 사회에 대한 편향된 이해에 근거하는 현상. 출처: 위키피디아 https://ko.wikipedia.org/wiki/귀인편향.

부록 E에 양육 방식에 대한 간단한 검사 도구와 해설을 제시하였다. 이 검사 도구를 이용하면 당신의 양육 방식이 무엇인지(또는 앞으로 어떻게 자녀를 양육할 것인지) 기본적인 이해를 할 수 있을 것이다.

부모의 학교 경험을 고려하라

학생이 어떤 교육을 받아왔는지 살필 때, 부모의 학창시절은 고려하지 않는 경우가 종종 있다. 학부모가 학생이었던 시절의 학교문화는 '최소 제한 환경'으로 대표되는 오늘날의 학교 환경과는 매우 달랐다. 어쩌면 학부모에게 괴롭힘과 왕따를 당했던 기억이 있을 수도 있다. 어떤 부모가 아이에게 이런 기억을 남기고 싶겠는가? 따라서 학부모가 자녀에 대해 걱정하는 사항들뿐만 아니라 부모들의 학창시절까지 조사하는 것은 그들의 뿌리 깊은 우려를 이해하는 열쇠가 될 수 있다.

가정 형편을 파악하라

응대하기 어려운 부모들은 삶이 힘든 경우가 많다. 전기세와 수도세도 간신히 내고, 하루 세끼를 겨우겨우 해결하는 집이 있다고 상상해보자. 이런 집은 몹시 가난한 지역에도, 부유한 지역에도 있다. 이런 가정에서 우선순위에 속하는 중요한 문제는 어떤 것일까?

앞서 말했듯이 물에 빠진 사람에게 가장 중요한 것은 공기를 들이마시는 것이다. 그래서 자신을 구하려는 구조대원을 필사적으로 끌어당긴다. 마찬가지로 하루하루 생존에 급급하여 다음 끼니를 걱정하는 부모들은 아이의 숙제에 대해 논의할 처지가 아니다.

한 가족의 가정 형편에 대해 알려면 담임교사나 상담교사, 사회복지사의 도움을 받는 것이 좋다. 그 후에 가족을 만나 그들이 어떤 걱정을 하고 있고 무엇을 필요로 하는지 알아보아야 한다. 때에 따라서 그들에게 가장 급한 것이 기본적인 생활 유지이고, 교사와 함께 자녀 교육 이야기를 하는 것은 뒷전이라는 걸 알게 될 수도 있다.

학부모회와의 경계 설정

학부모회를 통해 당신이 전체 학부모들과 어떤 관계를 맺고 있는지 가늠할 수 있다. 만약 학교 전체와 관련된 문제로 학부모들과의 갈등이 예상될 때, 학부모회 회원들의 분위기나 태도를 보면 언제 폭풍이 몰아닥칠지 알 수 있을 것이다. 그러므로 학부모회와 우호적인 관계를 만드는 동시에 건강한 수준의 불신과 회의적 태도를 유지하는 것이 필요하다.

학부모들과의 경계 설정은 초기에 해야 한다. 매년 학부모회를 비롯한 다양한 학부모 단체에 새로운 멤버들이 운영위원을 맡는다.

따라서 학부모회의 태도와 역동성은 매년 다르다. 새로운 학부모회 운영위원들은 선의로 활동하긴 하지만 학교 운영의 어느 부분에서 어디까지 참여해야 하는지, 학교의 다른 집단과는 어떤 관계를 만들어야 하는지에 대해 전혀 모른다는 것을 염두에 두어야 한다. 따라서 학기 초에 단호하지만 공격적이지 않은 방법으로 경계 설정을 하는 것이 좋다.

일차 방어선

교육자들을 위한 첫 번째 방어선은 '교무실무사'들이다. 교무실무사들은 학교의 얼굴이다. 이들은 외부인을 처음으로 맞이하는 사람들이고, 학교가 어떻게 작동하는지 아는 사람들이다. 이들은 학부모들의 불평과 불만을 들어야 하는 사선에 있다. 교무실무사들은 번쩍이는 네온사인처럼 우리 학교가 어떤 학교인지 잘 드러낸다. 소리가 시끄럽게 울리고 절반이 흐려지거나 떨어져나간 간판이 좋은 광고가 될 리가 없다. 만약 학교를 홍보하고자 한다면 이 네온사인을 밝혀 학교가 좋은 얼굴이 되도록 해야 한다.

교무실무사들은 학부모를 처음 대하는 사람이기 때문에 매우 신중하게 뽑아야 하며 적절한 직원교육을 제공해야 한다. 우선 교무실 문을 열고 들어오는 학부모들에게 공격적이지 않으면서도 단호한 태도로 응대할 수 있도록 하고, 보안이나 가섭에 주의하도록 해야 한다. 또한 즉시 만나야 할 부모와 전화로 응대해도 되는 부모, 당장 처리하지 않아도 되는 부모들을 분류하여 처리하도록 하며, 문제가 될 우려가 있는 일이 있으면 미리 알려달라고 한다. 이렇게 하면 앞으로 몇 년간 골머리 썩힐 문제들을 예방할 수 있다.

BANTA 설정하기

하버드 대학 법학과의 로저 피셔^{Roger Fisher} 교수와 같은 대학교의 윌리엄 유리^{William Ury} 교수는 하버드 협상 프로젝트^{Harvard Negotiation Project}라는 단체를 함께 만들었다. 그들은 갈등 해결을 주제로 여러 권의 매우 호평받는 책을 썼는데, 그중 하나가 세계적 베스트셀러인 『Yes를 이끌어 내는 협상법^{Getting to Yes}』[2]이다.

이 책에서 그들은 BANTA라는 용어를 만들었는데, 이는 'Best Alternative to a Negotiated Agreement'의 약자로 협상이 결렬되었을 때 취할 수 있는 최선의 대안을 가리킨다. 교직원이나 학부모와 갈등이 생겨 협상해야 할 때는 대화 전에 미리 BANTA를 설정해야 한다. 교직원이나 학부모에게 어디까지 양보할지 미리 결정해 두면 어떤 것을 받아들이고 어떤 것을 받아들이지 않을지 고민하며 협상하는 대신 미리 설정한 BANTA를 놓고 학부모나 교직원과 협상을 시작할 수 있다.

유도(柔道)하듯 대화하기

나는 여러 해 동안 유도를 배웠다. 유도는 동양의 격투기인데 레슬링 같은 스포츠와는 달리 몸집이 아닌 벨트, 순위를 기준으로 상대를 정한다. 이론적으로 170cm의 마른 사람이 185cm에 120kg이 넘는 상대와 동등하게 겨룰 수 있다는 뜻이다. 누군가는 이를 정당한 시합이 아니라고 한다. 몸집이 큰 선수가 작은 선수를 순식간에 힘으로 제압할 것처럼 보이기 때문이다. 하지만 유도에서는 힘이나 덩치보다는 기술의 숙련도에 따라 승부가 결정된다.

그렇다면 이것이 교육 현장의 갈등 관리 기술과 어떤 관련이 있을까? 힘겨루기에서 벗어난 유도의 기술은 우리가 학부모나 교직원 혹은 다른 사람에게 반대의견을 제시할 때 권력과 지위를 이용하는 것만이 답은 아니라는 사실을 가르쳐준다. 권력을 과시하거나 누가 옳은지 따져보는 것이 아닌, 다른 기술을 사용하는 것이다.

대화할 때 누가 옳은지는 그리 중요하지 않다. 만약 상대방이 틀렸다는 확실한 증거를 들어 당신이 대화에서 '승리'했다고 치자. 그래서 당신이 얻는 것은 무엇인가? 승리에 대한 만족감? 그 만족감은 얼마나 오래갈까? 비록 논리적으로는 당신의 주장이 옳을지도 모르지만, 감정적인 측면에서 만족감은 그리 오래가지 않을 것이고, 상대방의 분노만 살 것이다.

자신이 옳다는 것을 증명하기 위해 필사적으로 싸우는 대신 유도하듯이 대화를 나누면 누가 옳은지 따지는 것을 피할 수 있다. 유도에서 자신보다 큰 상대와 싸울 때 힘겨루기를 피하듯 학부모와의 면담에서도 정면충돌을 피해야 한다. 이렇게 하면 학부모와의 관계를 오래 유지할 수 있다. 다음과 같은 대화 기술을 연습하면 학부모와의 충돌을 피하는 데 도움이 될 것이다.

- 학부모가 상황을 개선하기 위해 할 수 있는 일에 집중한다.
- 당신이 옳다는 것을 입증하는 데 초점을 두지 말고 당면한 상황을 개선하려고 노력한다.
- 누군가 감정이 복받친 상태에서 대화를 시도하면 일단 물러나거나 피한다.

말하기 전에 들어라

학부모와 만날 때는 보통 교사가 먼저 이야기를 시작한다. 먼저 만남의 목적을 알리고, 학생이 학교에서 어떻게 지내는지와 학생에 대한 인상 등을 말한 후 요점인 문제와 해결책에 대해 의견을 나눈다. 이런 만남은 성공적이고 긍정적인 결과를 도출할 수도 있지만, 때로는 갈등과 불화를 걷잡을 수 없이 키우기도 한다.

아이 교육에 대해 어떻게 생각하는지 학부모에게 물어보는 것으로 대화를 시작하면 학부모와 의견이 맞는 부분을 찾을 수 있다. 예를 들어 학부모에게 자녀의 학교생활을 어떻게 생각하는지 물어보면 '아이가 집에서 숙제를 제대로 하지 않아 이를 시키느라 힘들다'든지, '아이가 집중을 잘 하지 못한다' 등의 대답을 한다. 학부모의 대답에서 학생의 문제에 대해 서로 동의하는 부분을 찾고, 거기서부터 대화를 이어간다.

우리가 먼저 이야기를 시작하면 이런 부분을 놓칠 수 있고, 심지어 학부모와 생각이 같은 부분을 찾기만 하다가 대화를 마칠 수도 있다. 이렇게 되면 우리는 자신도 모르게 민감한 영역으로 들어가서 '도자기 가게의 황소ᵃ a bull in a china shop'* 처럼 조심성 없게 아주 위험한 말이나 행동을 하게 된다.

주장을 흐리지 마라

우리는 대화를 할 때 '음', '에', '일종의', '그 있잖아요' 등의 표현을 사용하는 습관이 있다. 이러한 말들은 다음 말을 생각할 시간을 버는 역할을 한다. 문제는 이런 것들이 전달하고자 하는 내용의 권위를 떨어뜨리고 주장을 흐린다는 것이다.

또한 이러한 표현은 관점이 불확실하게 보이도록 만든다. 이런 표현을 사용하면 마치 주저하거나 확신이 없는 것처럼 보여 하려는 일이나 전달하고자 하는 바가 흐려진다. 차라리 잠시 말을 멈추는 것이 더 낫다. 잠시 말을 멈추면 당신이 더 신중하게 보이고, 다음 말에 무게감을 더할 수 있다.

---

* 도자기 가게에 풀어놓은 황소처럼 조심하지 않고 서툴게 행동하는 것을 의미하는 영어 속담.

전문용어를 피하라

병원에 갔을 때 의사의 메모를 읽거나 의사끼리 대화하는 것을 들어본 적이 있다면 의학계에서 '어려운 용어'를 너무 많이 사용하고 있다는 말에 공감할 수 있을 것이다. 누구나 의사들이 자신의 건강 상태를 어떻게 평가하는지 이해하려고 알 수 없는 약자들과 들어본 적도 없는 낱말 한 글자 한 글자가 무슨 뜻인지 이해하려고 애쓴 경험이 있을 것이다.

교육도 다르지 않다. 플립러닝, 하부르타, 교육과정-수업-평가-기록 일체화, KWL, 이원목적분류표, 입결, 추합 등 바로 이해할 수 없는 용어들이 너무 많다. 우리 또한 교육전문가 동료들과 이야기할 때 이런 용어를 자연스럽게 사용하지만 학부모와 이야기할 때 이러한 전문용어를 최대한 피하자. 하나하나 설명하지 않으면 학부모가 당신의 말을 제대로 이해하기가 쉽지 않을 것이다.

가치 판단의 의미가 들어간 표현을 피하라

하버드 대학 커뮤니케이션 연구팀인 더글라스 스톤^{Douglas Stone}, 부르스 패튼^{Bruce Patton}, 쉴리아 힌^{Shelia Heen}이 쓴 뉴욕 타임스 베스트셀러인 『대화의 심리학^{Difficult Conversation}』에서 저자들은 당신이 '진실 되다'라고 여기는 것에 대해 조심하라고 제안한다.[3]

'맞다/틀리다', '전문적이다' 등 우리가 일상적으로 쓰는 말에는 가치 판단이 내재되어 있다. '적절하다/부적절하다', '맞다/틀리다'와 같은 표현을 사용하는 것은 무엇이 '올바른' 방식이고 '틀린' 방식인지 제시하는 것이나 마찬가지이다. 무슨 자격으로 학부모에게 무엇이 적절하고 부적절한지, 무엇이 옳고 그른지, 혹은 전문적인지 아닌지 말할 수 있는가? 이런 말들은 아마도 학부모의 신념 체계나 문화 또는 의견과는 무관할 것이다.

그러므로 어떤 문제에 대해 이런 표현을 사용할 때, 그저 의견을 말하는 것이지 정해진 사실을 말하는 것이 아니라는 점을 분명히 알아야 한다. 『대화의 심리학』의 저자들은 이점을 잘 짚어준다. 당신의 말 속에 진실이 없다는 것이 아니라(실제로 당신의 말이 어느 정도까지는 사실일 것이다), '의견'과 '사실'이라고 믿는 것 사이의 차이를 구별하는 것이 매우 중요하다는 것이다.[4]

소리를 높이지 마라

학부모가 큰 소리로 이야기한다고 같이 소리를 높이지 마라. 사람들은 자기 생각을 이해시키려고 할 때 큰 소리로 말하는 경향이 있다. 목소리를 낮추어 말하는 것이 똑같은 효과를 내면서도 더욱 적절하고 효과적일 수 있다.

풍자적인 표현을 피하라

우리는 자기도 모르는 사이에 풍자적인 표현을 사용할 때가 종종 있다. 때때로 말하려는 바를 간접적으로 주장하거나 유머를 통해 분위기를 좋게 만들기 위해, 또 어떤 때는 두 가지 의도를 모두 가지고 풍자적인 표현을 사용한다.

문제는 이런 표현을 사용하는 것은 간접적이고 무엇을 말하려고 하는지 명확하지 않은 방식이라는 것이다. 그렇지 않아도 복잡한 갈등 상황에서 풍자적인 말은 상황을 더 어렵게 만든다. 그럴 의도가 없었다고 해도 학부모들은 당신의 말을 공격적으로 받아들일 수 있다는 뜻이다. 이런 위험을 피하는 가장 좋은 방법은 부모나 교직원과 심각한 사항에 관해 이야기할 때 풍자적인 표현을 전혀 사용하지 않는 것이다.

같은 이유로 업무와 관련된 내용은 문자 메시지나 이메일, 소셜미디어 메시지로 전달해서는 안 된다. 메시지의 속뜻을 읽을 수 없는 사람들은 이를 부정적으로 받아들이거나 비꼬는 것으로 오해할 수 있다.

교직원들의 신뢰가 가장 중요하다

학교에는 매년 새로운 학생들이 들어오고 학부모도 바뀐다. 하지만 교직원들은 살짝 과장해서 영원히 남는다. 학부모와 교직원 간에 갈등이 생겨 한쪽을 편들어야 하는 상황이 생기면 적절한 전략을 세워야 한다. 부모 편을 들 때는 조심해야 한다. 교직원의 불신은 학부모의 불신보다 더 오래 계속될 수 있기 때문이다.

• **지휘 체계를 존중하자:** 학부모가 교사를 거치지 않고 교장과 직접 만나서 문제 제기를 하려 한다면 교장은 교사와 함께 고민을 해결하도록 권해야 한다. 만약 반드시 교장이 직접 해결해야 하는 사항이라면 학부모와의 면담 과정에서 교사에 관한 부정적인 언급을 하지 않도록 주의해야 한다. 교사에 대해 직접 언급하는 것을 피하고 학부모가 궁극적으로 원하는 조치나 목표에 대한 논의에만 집중한다면 교사들의 신뢰를 잃지 않고 좋은 관계를 지속할 수 있다.

• **학부모의 부정적인 의견에 동의하지 말자:** 학부모가 교사의 능력 부족을 호소할 때 동의하거나 동의하는 기색(제스처, 표정, 표현 등)을 보이지 말자. 우리가 학부모와 만나는 것은 학생의 학습을 촉진하고 적성을 길러주기 위함이지 선생님의 능력과 태도를 비난하기 위함이 아니라는 점을 항상 기억해야 한다.

• **가능하면 교사도 참석하게 하자:** 만약 학부모가 교사의 업무 능력에 관해 이야기하려 한다면 학부모가 명확하게 거절하지 않는 한 교사도 그 자리에 참석시켜야 한다. 만약 당사자인 교사를 빼놓고 이야기하면 교사들은 당신이 뒤에서 어떻게 말하고 다니는지 의심할 수밖에 없다.

• **다른 교사에 대한 부정적인 이야기를 하지 말자:** 사람들은 당신의 말보다는 행동을 보고 판단한다. 만약 당신이 한 교사에 관해 부정적인 이야기를 한다면 교직원들은 본능적으로 자신 또한 언제든지 부정적

평가의 대상이 될 수 있다고 생각하게 된다. '다른 사람 이야기를 하네? 내 이야기도 다른 사람에게 하겠지?' 하고 말이다. 징계와 같이 꼭 필요한 경우가 아니면 다른 교사에 대한 부정적인 이야기는 하지 않는 게 좋다.

- **간단한 메모로 교사를 칭찬하자:** 어떤 교사가 어려운 상황을 적절하면서도 침착하게 처리하는 것을 보면 마음에 들었던 점을 구체적으로 적어 책상에 메모로 남겨 놓는 것이 좋다. 메모지를 늘 가지고 다니며 칭찬하는 메모를 남기는 습관은 교사들과 긍정적인 관계를 유지하는 데 많은 도움이 된다. 긍정적인 행동으로 칭찬을 받은 교사는 그러한 행동을 반복할 가능성이 매우 크다.

옛날 TV 법정의 판사처럼 되어라

1980년대에 냉정하고 노련한 판사를 주인공으로 한 TV 법정 프로그램*이 있었다. 그는 판결을 내리기 전에 반드시 자신의 사무실로 가서 한동안 숙고했다. 큰 사건이든 작은 사건이든 시간을 내어 어떤 판결을 내릴지 생각했고, 그 결과 그의 결정은 논리와 합리성을 갖추었으며 어느 한쪽으로 치우치지 않았다.

---

* 고소인과 피고소인이 판사 앞에서 다투는 것을 보여주는 TV 프로그램. 주로 작은 민사사건을 소재로 하며 판사가 내린 판결의 법적 효력은 없다.

20년이 넘게 지난 지금 현재의 법정 쇼를 보면 포스트 인터넷 시대의 빠른 속도에 맞게 시간을 들여 심의하지 않는다. 외치고, 고함치고, 회유하고, 자기 기준대로 판단한다. 이런 성급한 판단은 오락적 가치는 높지만 비논리적인 경우가 많고 프로그램 출연자에게 감정적으로 상처를 주는 경우도 많다.

여기서 무엇을 배울 수 있을까? 오늘날 TV에 나오는 판사가 아닌 예전의 노련한 판사가 사용하던 방법을 배워야 한다. 시간에 쫓겨 성급하게 결정하지 말아야 한다. 감정에 휘둘리면 긴급 상황에 놓인 것처럼 급하게 결정하게 되며, 이런 결정은 잘못될 가능성이 크다. 휴식을 취하고, 자신만의 공간에서 시간적 여유를 가지고 충분히 숙고한 후 한쪽으로 치우치지 않은 현명하고 논리적인 결정을 내려야 한다.

고칠 수 없는 것은 고치지 마라

교육자로 일하다 보면 끔찍한 일을 겪은 학생과 가족의 이야기를 종종 듣게 된다. 가정 폭력에서부터 가난, 질병에 이르기까지 우리가 학교에서 보고 듣는 문제에는 너무나 끔찍한 것이 많다. 이런 이야기를 듣고 나면 하루를 마치고 집에 가서도 편히 쉬지 못하고 계속 떠오른다.

그렇다 하더라도 우리는 그 부모가 아니다. 우리는 선생님이고,

상담사이고, 사회복지사이지만 할 수 있는 일에는 한계가 있다. 우리가 교직을 천직으로 여기지 않았다면 오래전에 감정적으로 소진되어 덜 힘든 직업으로 이직했을 것이다(National Public Radio*에 따르면 거의 절반의 교사들이 5년 이내에 새로운 학교로 옮기거나 교직을 떠난다고 한다).**5)

그렇다면 학부모들이 이렇게 절망, 공포, 불안, 슬픔의 문제를 호소할 때 뭐라고 말해주어야 할까? 아무 말도 할 필요 없다. 그냥 듣기만 하면 된다. 만약 학부모가 교사가 정말로 자기 말에 귀 기울이고 들어준다는 느낌을 받는다면 편안해할 것이다. '나라면 이렇게 하겠다' 같은 요청하지도 않는 충고를 하지 마라. 이런 충고는 그들이 필요로 하는 답이 아니다. 고칠 수 없는 문제를 고칠 방법을 말하면 학부모는 당신이 공감하지 못한다고 생각한다. 더 나쁜 것은 묻지도 않은 의견을 말하는 것이다. '고장 나지 않았다면 고치지 말라'는 말이 있다. 우리 경우에는 '고칠 수 없으면 마음을 다해 다정하게 들어라'로 바꿀 수 있다. 때로는 그저 기대어 울 수 있는 가슴이 어떤 조언보다 나을 수 있다.

참고 문헌

* "Whenever You're in Conflict with Someone, There Is One Factor That Can Make the

---

* 미국의 공영 라디오 방송
** 미국의 교사들은 특별한 사유가 없는 한 한 학교에서 계속 근무한다.

Difference between Damaging Your Relationship and Deepening It. The Factor Is ATTITUDE." Positively Positive. Accessed April 10, 2016. http://www.positivelypositive. com/quotes/the-factor-is-attitude

1) Ito, Mamie. "Fundamental Attribution Schema." *PsycEXTRA Dataset*. doi:10.1037/ e342482004-001.

2) Fisher, Roger, and William Ury. *Getting to Yes: Negotiating Agreement without Giving in.* New York, NY: Penguin, 2011, 99-108

3) Stone, Douglas, Bruce Patton, and Sheila Heen. *Difficult Conversations: How to Discuss What Matters Most.* New York, NY: Viking, 1999.

4) Novick, Brett "15 Ways to Involve 'At Risk' Parents" In Enrichment Programs, NJEA Review, December 2014.

5) "The Teacher Dropout Crisis." NPR. Accessed April 08, 2016. http://www.npr.org/ sections/ed/2014/07/18/332343240/the-teacher-dropout-crisis.

5장
·········

더 깊이 살펴보기
| 성공적인 학부모 미팅을 위한 기술 |

우리는 항상 빙산의 일각만 본다. 이에 나는 사람들이 나를 온전히 알지 못한다는 점을 항상 받아들이고자 해왔다.

- 올리비에 테스켄스(Olivier Theyskens) *

문화적 차이 이해하기

문화를 고려하지 않고 상호작용에 대해 논하기는 어렵다. 문화는 우리가 부모와 자녀 관계를 이해하는 데에 영향을 미치며, 이러한 가치관은 가족들이 일상적으로 상호작용하는 방식을 해석하는 시각에도 영향을 준다. 예를 들어 정교회 가족^{an Orthodox family}을 대할 때 남편이 아닌 남자가 여성과 신체적으로 접촉하는 것은 부적절한 행동이다. 당신이 남자이고 단지 악수하기 위해 손을 내민다면 말을 건네기도 전에 모욕감을 줄 수 있다.

문화적 역량을 갖추는 가장 좋은 방법은 질문하는 것이다. 당신의 학교에서 두드러진 문화들에 대해 읽어보고, 그 문화에 최대한 몰입해보는 것도 좋다. 여행하기, 새로운 외국 음식점 시도해보기, 새로운 언어 배우기, 다양한 배경을 가진 친구 사귀기도 모두 문화를 이해하는 데 도움이 된다.

다음은 문화 에티켓을 간략히 요약한 것이다.

- 문화적 차이가 있다고 해서 특정 문화권의 사람들이 모두 같은 방식으로 행동한다는 것이 아님을 유념하자. 일반화는 편견으로 이어질 수 있으며 편견은 불쾌감을 줄 수 있다.
- 가벼운 대화를 나누는 경우라면 분란의 소지가 있거나 의도치 않게 공격적일 수 있는 주제는 피한다. 유머, 정치, 종교가 이런 주제에 해당할 것이다.
- 개인 공간에 대한 선호는 문화에 따라 다르다. 북미에서는 개인 공간에 대해 좀 더 거리를 두는 반면 라틴 아메리카 사람들은 좀 더 밀착해서 얘기하는 편이다.
- 일부 남미 국가에서는 눈을 똑바로 마주치는 것을 무례하거나 불쾌하게 생각하지만, 미국에서는 오히려 눈을 마주치지 않는 경

우 뭔가를 속이려 한다고 생각한다.

- 무슬림 또는 정통 유태교인들은 이성과의 신체적 접촉을 금지한다.
- 미국 사람들은 손을 꽉 잡으며 악수하는 것을 자신 있고 강한 사람임을 보여주는 신호로 생각하는 경향이 있다. 반면 아시아권에서는 이를 다소 공격적인 것으로 생각하여 머리를 끄덕이거나 숙이는 것 혹은 가벼운 악수를 선호한다. 또한 지속적인 시선 접촉은 피하는 경향이 있다.
- 미국 내에서도 지역에 따라 편안한 대화 수준이나 속도가 다르다. 북동부 지역에서는 중서부나 서부보다 말이 빠른 편이다. 중서부 지역의 사람들은 좀 더 천천히 말하는 편이며, 마음을 터놓기보다는 가벼운 대화에 더 많은 시간을 할애한다. 북동부 사람들은 대화 시 신체 접촉을 좀 더 많이 하는 경향이 있다.
- 어떤 말이나 행동이 불쾌감을 주는지 잘 모른다면 물어보는 것이 좋다. 당연한 것 같지만 의외로 모두가 당연하게 하는 것은 아니다.
- 전통적인 휴일 외에도 학생들이나 가족에게 영향을 미치는 일정이나 공휴일에 대해 인식하고 이를 이해하는 것이 필요하다. 지역 교육청의 공휴일 목록을 살펴보고 학생들이 학교를 빠질 수 있는 날을 확인해보는 것도 좋다. 이 목록도 완전한 것은 아닐 수 있으나 다양한 문화에 친숙해질 수 있고, 학생들이 특정한 날이나 기간에 결석하는 이유를 알 수 있다. 예를 들어 뉴저지주에서는 학생들이 학교를 쉴 수 있는 공휴일이 100개가 넘는다.[1]

- 다양한 형태의 가족이 존재한다는 것을 잊지 말자. 가족은 전통적인 핵가족부터 입양 가정, 후견인 가정, 동성애 가정, 한부모 가정을 포함한다. '가족'이라는 단어가 포괄하는 모든 경우에 유의하고, 각각에 적절한 방식으로 의사소통하는 것이 필요하다.
- 문화 인식 및 감수성에 대한 워크숍이 온라인과 오프라인에 많이 있으며 이러한 워크숍은 상당한 도움이 된다.
- 영어가 모국어가 아닌 가족과 만날 경우, 이들이 영어에 능숙해 보이더라도 만약의 경우를 대비해서 통역을 준비하자.
- 미소와 친절은 모든 문화적, 언어적 장벽을 넘을 수 있다. 음식이나 가족, 친구도 그러한데, 이 모두가 인류의 공통점이기 때문이다.[2]

사전에 미팅 계획하기

학교 관리자로서 미팅을 원하는 학부모의 전화를 종종 받는다. 하지만 학부모는 미팅의 이유가 무엇인지, 무엇이 필요한지, 누가 참여해야 하는지 잘 모를 수도 있다. 이는 아주 불만스럽고 비생산적인 만남의 전조이다. 학부모에게는 미팅을 요청할 권리가 있다. 보다 생산적인 미팅을 위해서는 미팅이 필요한 이유와 이를 통해 얻고자 하는 바가 뚜렷해야 한다는 것을 알린다. 그런 후에야 미팅을 제대로 준비할 수 있다.

일반적으로 미팅은 좋은 의도나 목적을 가지고 시작되며, 모든 참여자는 생산적으로 문제를 해결하고 싶어 한다. 학부모, 관리자, 교사가 모두 참여하여 함께 변화를 추구한다. 그러나 모임이 계속 늘어지다 보면, 러닝머신처럼 같은 문제를 계속 반복해서 재탕하는 형태로 퇴행한다. 그러면 미팅은 계획보다 훨씬 늦게 끝나고, 모든 참여자는 지쳐서 나가떨어진다. 그것도 한참 걸려서 처음 시작 지점으로 되돌아왔을 뿐임을 깨달은 채로 말이다. 이는 교사나 학부모 모두에게 좌절감을 안겨준다.

몇 시간 동안 미팅을 했으면서 아무것도 정하지 못하고 그저 머리만 긁적이며 떠날 수는 없지 않은가? 아무런 성과 없이 좌절만 남는 미팅을 하지 않기 위해서는 다음과 같은 질문을 던져볼 필요가 있다.

미팅에서 무엇을 얻고자 하는가?

학생의 안전이나 복지와 관련된 문제를 다루기 위해 종종 '긴급 미팅'이 필요할 수도 있지만, 대부분의 미팅은 사전에 계획되고 일정한 목적이 있다. 그런데도 같은 문제를 반복해서 살펴보는 수준에 그치고, 아무런 행동도 취하지 못한 채 모든 관계자의 시간만 낭비하는 경우가 많다. 이러한 과정은 아무런 생산적 결과도 낳지 못하고, 좋지 않은 감정으로 이어진다.

미팅 전에 먼저 달성하고자 하는 바, 즉 의제agenda를 명확히 해야 한다. 회의에 참석하는 모든 이들이 회의의 목적에 대해 알도록 해야 한다. 아주 당연한 말처럼 들리겠지만 회의할 때 무엇을 달성해야 하는지 정확히 알고 있었던 적이 몇 번이나 되는지 자문해보자. 가능한 한 구체적이고 세부적으로 계획하라. 구체적으로 계획할수록 제대로 진행되고 있는지 알기 쉽고, 필요한 경우 계획을 조정할 수 있다.

사공이 너무 많지 않은가?

꼭 필요한 사람들만 미팅에 참석하도록 하자. 이론상 미팅에 참석하는 사람이 많을수록 비효과적이다. 왜냐하면 모든 사람이 한마디씩 하다 보면 점점 더 복잡해지고, 의제에서 벗어날 가능성이 커지기 때문이다. 따라서 효과적이고 효율적인 미팅을 위해서는 참여자가 적은 편이 오히려 낫다.

좌석 배치를 어떻게 할 것인가?

미팅에 참석할 때 사람들이 어디에 앉아 있는지 살펴보는 것이 좋다. 자리 배치만으로도 많은 것을 알 수 있기 때문이다. 어머니와 아버지가 떨어져 있거나 교직원들과 학부모가 서로 반대편에 앉아 있지는 않은가? 전자라면 부부간의 감정적인 거리나 상호 의견 불일치의 징후일 수 있다. 후자의 경우, 부모 바로 옆에 가서 앉는 것이 좋다. 그렇게 함으로써 '이 일에 있어서 저는 당신과 함께입니다'라는 것을 비언어적으로 표현할 수 있다. 이처럼 간단한 행동으로 부모를 안심시키고 적대감을 줄일 수 있다. '학교 대 학부모'와 같은 구도는 피하는 것이 좋다. 교직원은 모두 테이블 한편에 있고, 학부모들은 다른 편에 있는 배치는 무조건 피해야 한다.

누가 어떤 정보를 말할 것인가?

어디나 함부로 말하는 데 일가견이 있는 사람들이 있기 마련이다. 대개 이들이 입을 열면 오래 신은 신발 냄새처럼 고약한 소리를 하기 십상이다. 미팅에서 이런 일이 발생하지 않도록 하려면 누가 무슨 말을 할 것인지, 무슨 말을 해서는 안 되는지 미리 정해야 한다.

교사라면 누구나 대화에 참여해야 한다고 느끼겠지만, 똑같은 말을 여러 교사가 방식만 바꾸어 하면 학생 가족들에게 실망만 안긴다. 이 점을 잘 보여주는 사례가 있다. 결혼과 가족에 대한 상담에서 남편은 몇 달간 불륜을 저질렀으며 이혼을 원한다고 아내에게 털어놓았다. 남편이 말을 마치자 불편하고 무거운 침묵이 흘렀다. 이에 초보 상담자는 의자에서 멈칫거리더니 이내 공백을 채우기 위해 아내에게 "어떤 기분이 드나요?"라고 물었다. 그러자 아내는 차갑고 굳은 눈빛으로 쳐다보며 "당신 생각에는 내가 어떤 기분일 것 같아요?"라고 되물었다.

이후 부부가 떠나자 상담 감독관은 초보 상담자에게 이렇게 말한다. "그런 질문을 한 임상적 목적이 무엇이었나요? 임상적인 목적으로 물은 건가요, 아니면 침묵이 불편해서 물은 것인가요?" 초보 상담자는 불편한 마음에 침묵을 깨기 위해 필사적으로 무언가를 하려 한 것이다. 이는 대화에서 새롭게 추가할 유용한 내용이 없다면 차라리 침묵하는 것이 나음을 보여주는 사례이다.

학부모에게 메시지를 전달하기에 가장 적합한 사람을 찾아보자. 그리고 다른 참여자들은 그 사람이 말할 때 침묵을 지키도록 하자. 말하지 않고 가만히 있어야 할 사람이 당신이라면 이를 인정하자. 다시 말하지만 우리에게는 저마다 더욱 잘 교류할 수 있는 학부모 유형이 있다. 미팅에 참여할 학부모들의 유형에 가장 잘 맞는 적임자가 당신이 아니라면 괜스레 불쾌하게 여기지 말고 조용히 참여하자.

가족에게 무엇을 약속할 수 있는가?

학부모에게 약속할 때는 신중한 것이 좋다. 의도적이든 아니든 약속을 하면 실제 법적으로 문제가 발생할 가능성이 있다. 그럼에도 미팅 전에 어떤 옵션을 제공할 수 있는지 미리 이야기하는 경우가 많지 않다. 미팅에 참여하는 모든 교사는 학생과 가족에게 무엇을 제공할 수 있는지, 무엇을 제공할 수 없는지 그리고 무엇이 해당되지 않는지 사전에 알아두어야 한다.

가족과의 미팅에서 입이 가벼운 사람이 제공할 수 있다고 해놓고 나중에 불가능하다고 하는 것만큼 혼란스러운 일도 없다. 학부모에게는 학교에서 학생에게 제공할 수 있는 것이 있는데도 주지 않기로 한 것처럼 보인다. 그렇게 되면 그 서비스를 제공하는 것이 가능한지 아닌지는 중요하지 않게 된다. 부모는 교사가 그들을 기만하고 속인다고 생각할 수도 있다.

시간이 얼마나 걸릴 것인가?

미팅을 영원히 계속할 수는 없다. 일정 시점이 지나면 오히려 생산성이 떨어지고 부정적인 의사소통으로의 퇴행이 일어난다. 따라서 회의 전에 시간을 확실히 정하는 것이 좋다. 그러지 않으면 부모와 부정적인 상호작용이 일어날 위험이 있다. 뒤이어 다른 미팅이 기다리고 있는 경우 다음 미팅 때문에 초조한 기색을 보이면 학부모는 자신을 무시한다고 오해할 수 있다. 또 다음 미팅이 계속 늦어지는 도미노 효과도 유발할 수 있다.

그렇다면 어떻게 무례하지 않은 방식으로 시간을 정할 수 있을까? 미팅을 위해 설정된 시간을 미리 가족에게 알리자. 다음으로 손목시계를 보는 것과 같은 두드러지는 방식으로 시간을 확인하는 것보다는 가족들이 시계를 등지고 앉도록 하여 어깨너머로 살짝 시간을 본다. 미팅을 언제 끝낼 것인지 대충 생각해두지만 실제로는 더 길어지는 경우가 많다. 이를 고려하여 지나치게 짧거나 무례해

보이지 않는 방식으로 미팅을 마무리할 사람을 정해둔다.

학부모가 미팅이 끝나갈 시점에 회의를 지속해야만 할 것 같은 정보, 소위 말해서 '미끼'를 제공할 경우 이에 혹할 수도 있다. 그러나 이는 어떻게든 피해야 한다. 정해진 미팅 시간을 넘어서 회의를 지속하면 결과적으로 기다리고 있는 다른 학부모들과 그날 예정된 다른 필요 업무가 있는 교직원들에게 피해가 된다. 물론 안전 문제는 항상 신속하게 다루어져야 하므로 분명하고 중요한 예외이다.

누가 미팅을 기록할 것인가?

학부모와의 미팅을 시작할 때 누가 회의록을 작성할 것인지 확실히 해두는 것이 좋다. 작성할 사람은 꼼꼼하고, 필적이 알아보기 쉽거나 컴퓨터를 활용한 문서 작성에 능한 사람이어야 함은 말할 필요도 없다.

미팅이 순조롭지 않을 때 어떻게 할 것인가?

많은 경우 미팅은 순조롭게 진행된다. 참석한 모든 이가 예의를 지키고, 그다지 생산적이지 않더라도 학부모와 학교 사이의 관계가 틀어지지는 않는다. 그러나 미팅을 하면서 상호 간에 고성이 오가거나 대화를 지속하는 게 오히려 교사와 학부모의 관계에 해가 되는 상황도 종종 발생한다. 이런 일을 피하기 위해 비상 계획을 세워두

자. 잘 안 풀리면 언제 회의를 끝낼 것인지, 미팅을 제대로 돌려놓기 위해 누가 주도할 것인지, 어떻게 미팅을 모양새 있게 마무리할 것인지 생각해보자. 격렬한 논의가 예상되는 문제에서부터 화약고 같은 문제에 이르기까지 어떻게 다룰 것인지 미리 살펴보자.

미팅이 잘 풀리지 않을 경우의 대처 방안을 선제적으로 준비하도록 교사들을 교육하는 것도 유용하다. 화재 훈련이나 다양한 위기 상황에 대비한 훈련을 계획하는 것처럼, 문제를 수반할 수 있는 미팅에 대해서도 계획할 필요가 있다. 사전에 준비해두면 갈등을 키우는 것이 두려워 학부모에게 지키지도 못할 '거짓 약속'을 하는 것도 방지할 수 있다.

미팅을 어떻게 마무리할 것인가?

미팅을 마무리하는 가장 좋은 방법 중 한 가지는 제기된 사안을 모두 다시 검토하고 정리하는 것이다. 이 과정에서 학부모는 자신의 우려가 제대로 전달되었고, 문서화되었다는 것을 확인할 수 있다. 학부모가 원한다면 논의된 사항을 정리하여 출력한 사본을 제공한다. 가족의 유형에 맞춰 그 유형의 가족을 다루는 데 가장 적합한 사람이 상담을 종료하고 마무리한다.

어떤 가족은 미팅을 마무리하고자 할 때 폭탄을 떨어뜨릴 수도 있다는 것을 유의해야 한다. 교사와의 미팅 시간이 끝나갈 즈음에 중요한 주제를 꺼내어 대화를 이어갈 소재를 끝도 없이 제공하는 것이다. 이럴 때는 제기한 문제를 인지했음을 알리고, 다른 날에 이를 논의하도록 일정을 다시 잡는 것이 좋다.

학생의 장점을 먼저 생각하기

학부모와 미팅할 때 우리는 종종 학생의 문제에만 집중한다. 미팅의 목표는 결국 문제를 해결하는 것이라고 생각해서 말이다. 하지만 학생의 행동적, 학업적 측면을 개선하고자 하면서 특정 문제만을 콕 집어서 지적하는 것은 산을 보지 않고 나무만 보는 것과 같다. 문제점만 지적하다 보면 학생에 대한 우리의 관점이 왜곡되고, 균형적 시각을 잃어버리게 된다. 보다 균형적이고 공정한 시각을 학부모에게 제공할 수 있도록 학생의 장점을 찾아보자. 이는 미팅 전에 이루어져야 하며, 혹여 학부모와의 대화 중에 잊어버리지 않도록 가장 먼저 언급하도록 한다.

기록, 기록, 기록

수업 중에 바르지 못한 행동을 보이는 학생이 있다면 그 학생으로 인해 모든 에너지와 감정이 소진될 수 있다. 이에 교사들은 매 수업이나 일과에서 마주하는 학생들의 감정이나 반대 행동에 대해 마치 롤러코스터를 타는 것처럼 두렵고 긴장된 마음으로 대비하게 된다.

부정적인 행동이 눈에 띄면 이를 문서화해두자. 언제 일어났는지, 어떤 행동이었는지를 메모로 남겨두자. 어쩌면 상식인데 교실에서 문제가 되는 이슈의 한가운데 있을 때는 이런 당연하지만 중요한 것들을 잊어버리기 쉽다.

그렇다면 이러한 문서가 학부모와의 대화에 어떻게 활용될까? 교사가 학부모에게 사실적 정보를 제공하면 감정적이 아닌 이성적인 대화가 가능하다. 또한 학생의 행동 패턴을 알아내서 학부모와 공유하는 것도 가능하다. 이로써 교사는 적극적인 파트너로 인식될 수 있으며, 자녀 행동에 대한 학부모의 근심을 해결하는 데에도 도움을 줄 수 있다. 학부모들이 집에서는 알아채지 못한 자녀에 대한 정보를 제공할 수 있기 때문이다.

미리 진단하지는 말자

학생의 가족과 어려운 만남이나 대화를 할 때 학생의 문제를 파악하고자 분류나 진단을 하는 경우가 있다. 자폐증일까? 주의력 결핍 과잉행동장애^{ADHD}가 있는 것일까? 학습장애가 있는 것일까? 이를 알아내기 위해서 우리는 여러 단계의 절차를 거치고 많은 에너지를 소비한다. 미팅 전에 학생의 상태를 미리 파악하는 건 좋지만,

한편으로는 미팅을 효과적이지 않은 방향으로 이끌 수 있다. 왜 그럴까? 정보가 충분하지 않거나 혹은 해당 시점에 진단이나 분류를 할 수 있는 자격 요건을 갖추고 있지 못하다면 그러한 논의가 별 소용이 없기 때문이다.

무엇보다 진단이나 분류 자체는 우리가 무엇을 해야 하는지 알려주지 못한다. 예를 들어 진료를 보러 갔는데 당신이 한 번도 들어보지 못한 질병에 걸렸다고 의사가 말하는 경우를 가정해보자. 우선 그 질병이 무엇인지 궁금하겠지만, 어떻게 질병을 치료할 것인지가 더욱 중요할 것이다. 마찬가지로 분류나 진단이라는 형태로 일단 학생에게 라벨을 붙이면 가장 중요한 관심사는 '이제 어떡하지?'이다. 문제를 해결하기 위해 교사가 무엇을 할 것인지 생각하는 게 다른 무엇보다 중요하고 생산적이다.

감정과 이성은 물과 기름 같은 것

이전에 언급한 적 있는 구조대원 비유를 다시 생각해보자. 수상 구조에서 가장 먼저 배우는 것은 물에 빠진 사람에게 헤엄쳐갈 때, 그 사람이 당신을 붙잡아서 끌어내리려 할 것이라는 점이다. 물에 빠진 사람이 구조대원을 위험에 빠뜨리고자 이런 행동을 하는 것은 아니다. 이성적으로는 긴장을 풀고 구조대원이 자신을 안전하게 물으로 데려가도록 해야 한다는 것을 알지만, 감정적으로는 익사하기 전에 숨을 몇 번 쉴 수 있는 마지막이자 유일한 기회라고 느끼기 때문이다. 이처럼 감정과 이성은 섞이지 않는 기름과 물과 같다.

학부모들도 교사를 만날 때 이처럼 행동할 수 있다. 이성과 감정은 완전히 별개임을 기억하자. 당신이 학부모들에게 이성적으로 말하고 싶다면 먼저 그들의 말에 감정적으로 귀 기울일 필요가 있다. 학부모들이 지나치게 감정적일 때 합리적으로 이들을 설득하여 이성적으로 만들 수 있다고 생각해서는 안 된다.

학부모들이 감정적이라면 정서적 공허감 먼저 채워줄 필요가 있다. 그런 연후에야 이성적으로 문제를 해결하는 보다 생산적인 단계로 넘어갈 수 있다.

말로 표현되지 않은 것 찾아보기

학부모와의 미팅이 있을 때 한발 물러서서 잠시 여유를 가져보자. 말로 표현되지 않은 것, 즉 미팅이 이루어지는 공간의 비언어적 단서들을 이해하려고 해보자. 누구와 함께 앉아 있는가? 각 구성원의 바디랭귀지는 무엇을 말하는가? 누가 농담을 하는가? 누가 진지한가? 이렇게 하면 사람들을 좀 더 잘 이해할 수 있다. 『침묵의 메시지*Silent Message*』의 저자인 앨버트 머레이비언Albert Mehrabian 박사는 의사소통의 55%가 비언어적 수단을 통해 이루어짐을 발견하였다.[3] 미팅에서 일어나는 이러한 의사소통을 이해하면 여러모로 이

점이 있다.

앞서 언급한 바와 같이 교사가 학부모의 옆에 앉는 것만으로도 그들의 불안을 덜고 화를 가라앉힐 수 있다. 교직원들은 모두 방의 한쪽 편에 몰려 있고, 학부모는 테이블 머리에 홀로 남겨져 혼자 알아서 하도록 한 경우를 몇 번이나 보았는지 자문해보라. 학부모 옆에 앉는 것은 교사가 그들 편이라는 진정한 위안을 줄 것이다. 또한 교사가 부모와 어깨를 나란히 하고 아이에 대해 논의하다 보면 화내며 노려보기도 매우 어렵다. 이런 미묘한 행동은 테이블 건너에서 눈을 부라리며 다른 이를 쳐다보는 것보다 덜 위협적으로 보인다.

'나(I)'를 이용한 메시지 전달

아마 가장 스트레스가 심하고 힘든 갈등은 배우자와의 갈등일 것이다. 둘 사이에 감정이 매우 격앙된 상태일 때 개입하는 것은 전기를 차단하지 않고 전구 소켓에 드라이버를 꽂는 것과 같다. 다행히 부부 상담에서 유용하게 사용하는 기법이 있는데, 매우 간단해서 학부모와의 어려운 대화에서도 사용할 수 있다. 바로 '나 메시지I-message'이다. 의견을 제시할 때 '나(I)'라는 단어를 사용하는 것이다.

'나(I)'라는 단어를 사용하면 누군가를 탓하거나 책임을 회피하려 한다는 인상을 주지 않는다. 당신이 상황에 대해 어떻게 느끼는지 말하되, 메시지를 지나치게 미화하지 않고 명료하게 말한다. 다음으로 문제를 원만하게 풀어나가는 데 필요한 잠정적 해결책을 객관적이고 구체적인 행동으로 말한다.

이 방법은 아주 간단하지만 다른 사람을 말로 공격하는 것을 피할 수 있다. 또한 상대방이 원인에 대해 과도하게 비난받는다고 느끼지 않게 해줄 뿐만 아니라, 당면한 문제에 대해서 분명하고 가능한 해결책을 말로 표현하게 해준다. 다른 사람에게 한 손가락을 겨눌 때 나머지 세 손가락은 당신 자신을 겨누고 있음을 기억하자.

싸울 가치가 있는지 생각하기

학부모와 힘겨운 대화를 나누기 전에 싸울 가치가 있는지 생각해보고, 다음과 같이 질문해보자.

- 이것이 현재 또는 가까운 미래에 학생에게 도움을 줄 것인가?
- 학생, 동료, 교직원의 안전에 직접적인 영향을 미치는 문제인가?
- 이것이 해당 학부모와 다루고자 하는 세 가지 주요한 이슈 목록에 있는 것인가?
- 해당 학부모와의 지난 경험을 돌이켜볼 때 이것이 어떤 주목할 만한 차이를 만들 것인가? 아니면 학교 내부적으로 우리가 할

수 있는 범주 내에서 문제를 처리하는 것이 더 나은가?

- 지금이 이 일을 처리하기에 적기인가?

- 이것이 단순히 나만 불편하게 생각하는 문제인가? 아니면 좀 더 큰 맥락에서 봐서 해당 학생이나 반 전체와 관련하여 꼭 다루어야 할 문제의 축소판인가?

분노는 빙산과 같은 것

우리가 빙산을 볼 때는 공중으로 쭉 뻗은 웅장한 얼음산만을 본다. 그 장대함으로 인해 훨씬 더 거대한 구조물이 물 아래에서 빙산의 기저를 형성하고 있음은 놓친다. 분노는 이와 아주 비슷한 양상을 보이는 감정이다. 학부모가 분노를 표출할 때 교사도 감정적으로 받아들여 공격적으로 반응할 수도 있다. 이는 마치 두 명의 스모 선수가 우위를 가리기 위해 거대한 몸을 서로 부딪치는 것과 같은 힘겨루기로 번진다.

분노에 가려진 더 깊은 곳을 보라. 무엇이 보이는가? 화가 난 부모들은 좌절과 두려움, 아이에 대한 걱정도 동시에 갖고 있다. 당신이 그들의 자녀에게 뭔가 문제가 있다고 말하니, 그들은 새끼 곰을 보호하려는 어미 곰처럼 본능적으로 반응하는 것이다.

학부모들에게 이런 말을 한다고 생각해보자. "자녀분에 대해 걱정하시는 것 같은데… 저희가 어떻게 도울 수 있는지 말씀해주시겠어요?", "아이가 숙제를 안 한다고 말씀하셨는데 부모님도 당황스러우시겠어요. 어떠신가요?" 이처럼 학부모의 감정에 대해 알아보는 것만으로도 그들의 분노 속으로 들어가 감정적 교감을 만들 수 있고, 공격성을 줄이거나 제거할 수 있다.

분노에는 두 가지 요소가 있는데 바로 머리로 생각하는 부분과 몸으로 느끼는 부분이다. 학부모가 이성적으로는 화내지 않는 것처럼 보인다 해도 화난 느낌은 여전히 신체적으로 남아 있을 수 있다. 그러므로 미팅에서 학부모의 분노가 표출될 때에는 잠깐의 휴식 시간을 가짐으로써 분노가 식도록 하자.

화내는 학부모 대하기

학부모들과 힘든 대화를 나누다 보면 종종 학부모들이 화내고 폭언을 퍼붓기도 한다. 소리를 지르면 불편한 상황이 초래되고 비생산적인 미팅이 된다. 한참 화나 있을 때는 어떤 말도 전달되지 않는다. 이럴 때는 일정 기간 미팅을 취소하고 학부모들이 화를 가라앉힌 이후에 다시 만나야 생산적인 의사소통을 기대할 수 있다.

습관적으로 화내는 공격적인 성향의 학부모가 있다면, 사전에 행정팀이나 학교 보안 담당자를 가까이 있도록 하는 것이 좋다. 이렇게 함으로써 소리를 지르는 것을 포함해 더한 행위는 용납될 수 없음을 암시적으로 전달할 수 있다.

힘겨루기에 대한 추가적인 단상

　종종 스스로도 인식하지 못하지만, 학교라는 공간에서는 교사가 학부모와의 힘겨루기에서 우위에 있다. 우리는 교육자이자 관리자이다. 주변에 동료 교직원들도 있고, 미팅은 우리의 홈그라운드에서 열린다. 학부모에게 교사와의 안 좋은 경험이 있거나 학생 때 교장 선생님께 불려갔던 일을 기억한다면 이전의 나쁜 감정이 다시 떠오를 수 있다. 이런 것들을 생각해보는 것이 왜 중요할까? 저울이 우리에게 유리하게 기울어진 만큼 학부모들이 불안해할 수 있기 때문이다. 그들이 불리한 처지에 있다는 생각을 떨쳐버리도록 우리가 할 수 있는 모든 것을 해야 한다.

학부모와 대화할 때 주의해야 할 것

　미팅에서 교사의 말 한마디 한마디에 연연하는 학부모들이 있다. '선생님이 우리 아이에 대해 뭐라고 했지? 선생님이 말해주지 않은 것이 있는 것 같은데? 그 선생님은 왜 그렇게 말했을까?' 따라서 학부모와의 미팅에서는 말하는 내용과 방식에 주의해야 한다.

판단하려고 하지 않기

"그 애는 문제아예요"라거나 "그 애랑 친한 애가 아무도 없어요" 처럼 학생에게 라벨을 붙이는 표현은 피하자. 라벨은 항아리 혹은 병에나 붙이는 것이지 학생에게 쓰는 것이 아니다. 학생에 대해 판단적인 용어를 사용하는 대신 구체적으로 표현해보자. 학생이 결석이 잦을 때 학부모에게 상습적으로 결석한다고 말하기보다는 숫자와 통계를 사용한다. "민수가 100일 중 34일을 빠졌어요"처럼 말이다. 이렇게 하면 자녀가 판단당하는 중이라고 학부모들이 느끼지 않을 수 있고, 이로 인한 적대감도 만들어내지 않는다. 누군가를 판단하기는 쉽지만 그것이 꼭 필요한 변화를 만들어내지는 못한다.

단정적인 표현 지양하기

학부모와 어려운 대화를 나누고 있을 때 단정적인 문장은 피하는 것이 좋다. '항상'이나 '절대' 같은 말을 사용하면 항상 문제 행동만 있고 예외가 없는 것처럼 느껴진다. 이런 표현보다는 어떠한 행동이든 아이가 '대부분' 그런 행동을 보였다고 말하자. 이렇게 표현하는 것이 더 정확하다. 해당 학생이 보인 좋은 행동과 적절한 행동이 있으면 이를 함께 이야기함으로써 아이에 대해 균형 있게 이야기할 수 있다.

교육청 정책과 교육법 범위 내에서 말하기

이는 매우 상식적인 말로 들릴지도 모르겠다. 그러나 극성스럽고 변화무쌍한 교육계와 교육법 및 교육정책 속에서 잠재적 결과에 대해 생각하지 않고 마음속에 있는 것을 말하고 약속하는 사람들이 있다. 따라서 안타깝게도 이 문제에 대한 대책을 연구할 필요가 있다.

용어 해설 제공하기

언어 통역이 필요할 때도 있겠지만 여기서는 그것만을 의미한 것이 아니다. 학부모 또는 가족에게 학교에서 일반적으로 사용하는 약어나 용어, 그리고 미팅에서 사용될 수 있는 용어에 대한 설명을 포함한 자료를 제공하자. 이러한 목록을 웹사이트에 올려두는 것도 좋다.

무례해 보이는 행동 피하기

가족과 대화할 때 아주 기본적인 예의를 잊어버리는 바람에 예정된 경로를 벗어나 험난한 길로 들어서는 경우가 종종 있다. 특히 좋은 첫인상을 주려면 더욱 더 기본적인 예의를 지켜야 한다. 다음은 가족들이 무례하다고 생각할 수 있는 행동의 예시들이다.

- **학부모가 말하는 동안 타자 치기:** 키보드를 두드리는 소리는 주의를 산만하게 만든다. 무엇보다 키보드로 작업하면서 제한적으로 눈을 마주치면 문제와 관계없이 서두르는 것처럼 보일 수 있다.

- **물병과 커피 머그잔:** 미팅에서 학부모를 제외한 모든 이가 물병이나 커피 머그잔을 가지고 있다면 이는 학부모들이 가지고 있지 않은 것을 당신들은 가지고 있음을 암묵적으로 보여주는 것이 된다. 당신과 다른 교사들은 한 팀이고 학부모들은 그렇지 않다는 의미처럼 보인다.

- **껌 씹기:** 학부모와 대화하는 동안 껌을 씹는 것은 산만하고 무례한 행동이다.

- **개인 공간에 신경 쓰지 않는 행위:** 당신이 타인에게 친근감을 표현하는 수단으로 개인 공간을 건드리고 침범하는 성향을 갖고 있다면, 모든 이가 그것을 적절한 행동으로 여기지 않는다는 점을 기억하자. 당신과 학부모 사이에는 권력(힘) 차이가 존재하므로 학부모들은 위축되거나 주저되는 느낌이 들 수 있다. 교사에 대한 상호작용 방식과 마찬가지로 여기에도 문화적 차이가 있다. 마찬가지로 다른 부적절한 바디랭귀지도 해서는 안 된다.

- **지각:** 당신은 미팅에 늦는 것에 개의치 않을 수도 있지만, 학부모는 자신들의 시간을 낭비하는 것에 신경을 쓴다.

- **교육 용어 남발하기:** 교육 전문용어나 약어를 사용하면 학부모들이 이해하지 못하고 좌절할 수 있으며 결과적으로 불편함을 초래한다.

- **학부모 앞에서 속삭이거나 웃고 킬킬거리기:** 말할 필요도 없이 무례한 행동이다.

- **시계, 전화 또는 문자 메시지 보기:** 지금과 같은 스마트폰이나 인터넷 시대에서는 충분히 언급할 가치가 있다.
- **학위, 수많은 상:** 허세로 가득한 사무실은 부모를 위축시킬 수 있다.
- **눈을 지나치게 마주치지 않기:** 눈을 너무 마주치지 않는 것은 상대를 피하는 것 같지만, 너무 많이 마주치는 것도 문화에 따라 무례한 행동으로 보인다.

모르는 척하기

진료 받으러 가서 의사가 다른 의료 전문가와 함께 당신 사례에 관해 얘기하는 것을 보게 된다면 어떤 기분이 들까? 의료 분야를 잘 아는 경우가 아니라면 그들이 사용하는 'CBC', 'EKG', 'EEG'와 같은 단어들이 완전히 외국어처럼 들린다. 의사들이 말하는 것을 정확히 이해하기 위해 모든 단어를 곱씹다 보면 대부분 불편해진다.

교사인 우리도 교육 분야에서 이와 같을 수 있다. 우리가 유창하게 구사할 수 있는 언어마냥 교육 약어들을 마구 사용하고는 무슨 이야기인지 학부모에게 아주 간략한 설명만 한다고 치자. 그래도 학부모들은 교육 용어를 모르는 것처럼 보일까 두려워 종종 그냥 동의하기도 하고 의문을 제기하지 않는다.

학부모와 미팅 중이라면 교육에 대해 전혀 모르고 학교에 처음으로 발을 들여놓은 것처럼 행동해보자. 낯선 용어가 나오면 "그 용어를 아세요? 좀 더 쉽게 설명해주실 수 있나요?"라고 질문해보자. 이렇게 교육 용어를 일반적인 말로 바꾸는 것도 학부모를 위해 필요한 일이다.

이메일, 친구인가? 적인가?

빠른 속도로 발달하는 테크놀로지 시대에 문자나 트위터, 이메일은 대면 통신을 대체해왔다. 의사 전달이 빠르고 효율적이며 상호 간 교신에 대한 구체적인 문서를 제공한다는 점에서 매우 긍정적이다. 하지만 바로 이런 측면이 문제가 되기도 한다. 인터넷에서 하는 모든 말이 되돌아와 당신을 괴롭힐 수도 있다.

까다롭거나 쉽지 않은 부모들은 당신과의 의사소통을 부정적으로 혹은 왜곡하여 받아들이려 할 수 있다. 이들에게 이메일을 보낼 때 두 가지 형태의 문서가 남는다. 학부모는 당신이 보낸 메일을 언제든 출력할 수 있고, 의도하지 않은 어떤 문제에 대한 서면 증거로 활용할 수 있다. 게다가 사람들은 상당히 쉽게 이메일을 바꿀 수 있고, 제목을 바꾸거나 문장이나 단어를 빼는 등의 행위를 할 수 있다. 이는 지나친 과장이며 그렇게까지 생각할 필요가 있느냐는 의문을 제기할 수도 있다. 물론 그럴 수도 있지만 이메일을 주고받는 시대에 발생할 수 있는 또 다른 문제에 대해 생각해보기 바란다.

반면 전화로 부모에게 연락하면 한 가지 형태의 기록만 남는다.

이는 당신이 의도한 방식대로 대화의 내용을 기록할 수 있음을 의미하는 한편, 악의적인 일부 학부모가 당신을 함정에 빠뜨릴 수도 있는 디지털 자료를 얻을 수 없음을 의미한다.

엑셀^{MS Excel} 같은 프로그램을 사용하면 날짜, 시간과 함께 누구와 어떤 학부모를 만나 대화했는지 쉽게 기록할 수 있다. 이런 방식으로 학부모와의 모든 상호작용을 기록함으로써, 과거의 문제가 다시 떠올랐을 때 수백 쪽의 문서를 들고 다니거나 일일이 들춰보지 않고도 쉽게 당시의 상황을 알 수 있다.

밑 빠진 독에 물 붓기

만약 당신이 배관공이고 물이 새는 집에 호출되었다고 생각해보자. 출장 가서 배수관에 큰 금이 가 있음을 확인했다면 몇 가지 방법이 떠오를 것이다. 금을 때우거나 관을 교체하거나 물이 다른 쪽으로 돌리는 등 방법은 다양하다. 하지만 누수가 생긴 배수관에 물을 더 많이 넣는 것은 아마도 해결책으로 고려하지 않을 것이다. 그런데 이처럼 말이 되지 않는 일을 하는 경우가 있다. 바로 무관심한 학부모들을 계속 참여시키려 하는 것이다.

당신이 아무리 참여시키려 노력해도 학부모로부터 충분한 반응을 얻지 못하는 경우가 있다. 상습적으로 문제 행동을 보이는 학생의 부모에게 전화를 걸어봐도 응답이 없거나 빈말뿐인 약속만 받은 적이 몇 번이나 있었는지 생각해보자. 여러 번호로 전화해보지만 없는 번호였던 적은 없었는가?

자녀의 문제 행동 교정에 대한 지원 요청에 학부모들이 응답하지 않는다면 그들은 아무것도 하지 않음으로써 말없이 이런 의사를 표현하는 것이다. "내 아이가 학교에 있을 때는 모두 당신의 문제이고 책임이다. 나는 회사, 집 혹은 다른 곳에 있으니 귀찮게 하지 마라. 나는 답하지 않을 거니까."

학부모의 지원이 부족하다며 끊임없이 불평하거나 '물이 새는 배관'에 계속 에너지를 쏟을 수도 있고, 그 아이를 위해 학교 자체적으로 전략, 보상, 동기 유발 방법을 생각해낼 수도 있다. 어쨌든 학부모에게 계속 연락을 하고 상벌 문제에 대해 알려야 한다. 물론 이렇게 한다고 해서 학부모에게 조력자 역할을 기대할 수 있다는 의미는 아니다.

학부모와의 삼각화 피하기

가족 상담치료에서 '삼각화^triangulation'로 불리는 이론이 있다. 이에 대하여 위키피디아^Wikipedia는 '한 가족 구성원이 다른 가족 구성원과 직접 의사소통하지 않고 제3의 가족 구성원과 소통하는 것으로서, 제삼자가 삼각관계의 부분이 되는 상황'이라 정의한다.[4] 이러한 삼각화는 가족에게만 국한된 것이 아니며, 학교를 포함한 어떤 유형의 관계에도 쉽게 적용된다.

교사와 학부모 관계에서도 삼각화가 발생하는데, 학부모들이 다른 교사, 관리자 또는 다른 학부모와의 문제에 교사를 개입시키려 하는 경우이다. 이런 학부모들은 주요 관계자가 아닌 사람에 관해 이야기하면서 공감을 얻어내거나 조력자가 되어주기를 바란다. 자신에게 유리한 쪽으로 일을 끌고 가고자 또 하나의 조력자가 될 수 있는 당신을 분쟁에 끌어들임으로써 도를 넘어서는 행동을 한다.

이런 학부모들은 경계 지점을 모르거나 존중할 줄 모른다. 이를 인식한다면 학부모 간 갈등의 삼각관계에 개입하지 않는 것이 최선이다. 그리고 문제 학부모들에게는 윗선으로 가기 전에 학교의 지휘 및 전달 체계에 대해 반드시 알려주어야 한다. 이들은 무례한 것이 아니라 단지 적절한 한도와 교육 시스템 내에서의 올바른 전달 방식에 대한 인식이 부족한 것일 수도 있다.

24시간 규칙

아무리 우수한 교사라도 속수무책인 날이 있다. 불행히도 까다로운 가족들을 대하다 보면 힘든 감정의 고비를 맞게 된다. 예컨대 어떤 학부모가 하루에 열다섯 번이나 전화한다거나 성미를 계속 자극한다거나 하는 날이 있다. 이런 날에는 한번 내뱉은 말은 되돌릴 수 없다는 것을 명심해야 한다. 하루 정도는 시간을 가지고 기분을 환기하고, 차분할 때 학부모에게 연락하는 것이 좋다. 이렇게 하는 것이 화나서 전화하고는 이후 몇 주 동안 그 결과를 후회하는 것보다 낫다.

에이브러햄 링컨^{Abraham Lincoln}도 이런 말을 한 적이 있다. "말로 모든 의심을 없애는 것보다는 침묵하고 바보로 여겨지는 것이 낫다." 그러나 이러한 방법도 위험이 많다. 너무 오래 혹은 너무 자주 기다리게 되면 연락을 질질 끌거나 회피하는 것처럼 보일 수 있고, 결과적으로 당신이 비협조적이거나 자신의 전화를 중요하게 생각하지 않는 관리자로 보일 수 있기 때문이다. 이렇게 되면 학부모는 당신을 건너뛰고 다음 상위자에게 갈 것이다.

꾸물거리지 않기

주의할 점은 분노를 가라앉히기 위해 시간을 갖는 것과 꾸물거리는 것은 다르다는 것이다. 학부모를 대할 때 함흥차사처럼 꾸물거리면 아주 좋지 않은 결과를 초래할 수 있다. 학부모에 대한 응답을 늦추기 전에 다음과 같은 질문을 스스로 던져보자.

- 이 학부모들이 이전에 어떠했는가? 당신의 상급자에게 접촉한 전력이 있는가?
- 시급하며 안전에 관련된 문제인가?

- 이 문제가 일련의 지휘 체계를 거쳤으며 이제 당신의 책임인가?

- 오늘 이에 답하지 않으면 밤새 마음에 걸리는 일이 될까?

- 나의 분노나 좌절 그리고 대화가 일으킬 수 있는 결과보다 지금
  이 대화를 지연시키는 위험이 더 큰가?

위 질문 중 어느 하나라도 '그렇다'라는 답이 나온다면 24시간 규칙이라는 사치를 부릴 여유가 없다. 바로 문제를 다루어야 한다. 자신이 상당히 다혈질이라 생각하는 경우 전화하기 전에 먼저 각본을 짜 연습하자. 문제를 예방할 수 있다.

밤에 편하게 발 뻗고 잘 수 있는가?

교직이 힘들고 감정적 소모가 큰 직업이라는 것은 누구나 아는 사실이다. 교직에 있다 보면 종종 곤란한 상황을 중재하거나, 불분명한 점이 많은 쟁점에 대해서 신속하면서도 옳은 결정을 내려야 할 때가 있다. 이때 가장 쉽고 간단한 판단 방법은 밤에 편하게 발 뻗고 잘 수 있는지 자문하는 것이다. 법정에 나가기로 했거나 가족에게 그것을 설명해야 한다면 스스로 그리고 가족들이 당신을 자랑스러워할 것인가? 다음 질문에 대해 긍정적으로 대답할 수 있는가?

- 내가 가진 정보로 최선의 결정을 내렸는가?

- 이 결정이 나의 교육적 가치와 사명에 부합하는가?

- 회피하는 방법을 택했는가, 아니면 최선의 방안을 택했는가?

- 이 상황의 최종 결과가 우리의 윤리, 정책, 법률에 부합하는가?

- 해당 학생 또는 다수의 학생에게 최선의 결정인가?

- 안전 문제를 가장 우선으로 확인했는가?

- 이를 다시 할 것인가?

- 긍정적인 면이 부정적인 면을 능가하는가?

- 최선을 다했고 후회나 죄책감이 없으며 밤에 편하게 발 뻗고 잘 수 있는가?

어느 방향으로 가고 있는가?

상호작용이란 결국 주고받는 것이다. 이 속에서 당신의 가치가 무엇이고 어느 범위까지 가능한지 시험받는다. 어디까지 밀고 밀릴 수 있는가? 무엇을 기꺼이 포기하고, 무엇을 부여잡을 것인가? 당신이 당신 자신과 당신의 목표에 대해 알지 못한다면 이는 거의 불가능하다. 그러므로 도전적인 대화와 씨름을 벌이기 전에 스스로 다음과 같은 중요한 질문을 던져보자.

• **내가 추구하고자 하는 가치는 무엇인가?** 당신이 중요하게 여기는 가치가 무엇이든 그것을 확고하게 견지해야 한다. 이는 당신이 넘어서거나

학부모들이 넘도록 허용해서는 안 될 중요한 지침이기 때문이다. 예를 들어 안전은 어떤 상황에서도 최우선의 가치를 가지기 때문에 가족이 이 선을 넘으려 한다면 항상 제지해야 할 것이다.

- **당신과 학교의 미션은 무엇인가?** 미션이란 간단히 말해서 당신의 커다란 목표로 간단하고 객관적이며 가능한 것이어야 한다. 다른 사람들과 대화할 때마다 이러한 목표를 염두에 둔다.
- **법률, 정책 및 절차는 무엇인가?** 법률, 정책, 절차, 윤리강령은 당신이 만드는 어떤 것보다도 우선한다. 이들을 중요한 기틀로 하고 그 바탕 위에 당신의 가치, 강령, 학교 환경을 구축해야 한다.

학부모와 신뢰관계 만들기

때로는 학부모가 부드러운 시각으로 교사들을 바라볼 수 있도록 함으로써 신뢰관계를 쌓을 수 있다. 학부모와 교감할 수 있는 몇 가지 방법을 소개한다.

커피나 차를 통해 관계 형성하기

주기적으로 커피나 차 한잔을 같이 하면 어려운 문제가 발생하기 전에 학부모들과 신뢰관계를 맺을 시간을 가질 수 있다. 이렇게 함으로써 다가가기 쉽고 학부모의 말을 끝까지 들어주는 교사로 평판이 높아질 수 있다. 한 가지 주의할 점은 이러한 시간이 학부모들이 경계를 넘는 기회로 작용할 수 있다는 점이다. 교사로서의 전문성과 학부모에 대한 친근감은 조화롭게 조절해야 할 부분이다.

미팅 후 후속 조치

학부모와 힘든 대화를 나눈 후에도 그때 그 자리에서 문제가 바로 해결되지 않는 경우가 많다. 따라서 깔끔하게 매듭짓지 못한 부분들을 마무리할 필요가 있다. 그러니 후속 작업으로 전화하는 것을 잊지 말자. 일이 해결된 것처럼 보일 때도 후속 조치는 필요하다.

이것까지 할 시간은 없다고 생각할지도 모른다. 하지만 이런 경우를 생각해보자. 까다로운 학부모들과 대화를 나눌 때 처음 몇 분을 할애하여 교감을 형성하면 나중에 교사가 문제를 제대로 듣지 않았거나 온전히 다루지 않았다고 학부모가 느끼면서 갈등이 고조되더라도 이를 다루는 데 많은 시간을 절약할 수 있다.

학부모 프로그램 소개하기

일련의 학부모 교육 프로그램이나 '학부모 대학' 제공을 고려해보자. 이를 통해 학부모들은 교사들을 만날 기회를 가질 수 있다. 특히 자녀의 훈육과 관련하여 도움을 주는 프로그램은 학부모들의 스트레스를 줄이는 데 보탬이 되고 자녀 양육에 있어 학교를 중요한 파트너로 보게 해준다. 또한 학생 시절 교사와 안 좋은 경험이 있거나 '교사 공포증'을 가졌던 학부모의 경우 이런 프로그램을 통해 교사를 자신들과 비슷한 한 사람의 인간으로 보게 될 것이다.

원망, 정치 그리고 모든 것

학부모든 동료 교직원이든 혹은 학생이든 간에 당신에게 잘못을 저지른 사람을 원망하기 쉽다. 이런 문제로 고민하는 사람들에게 〈겨울왕국〉에 나오는 노래를 불러주고 싶다. '내버려둬(Let it go)'라고.

많은 사람과 직접 부딪히는 분야에서 일하다 보면 원망을 품기 쉽다. 문제는 당신이 누군가에 원망을 품으면 옹졸해 보일 뿐만 아니라 다른 사람도 당신을 존중하지 않게 된다는 것이다. 또한 인간관계를 훼손하고, 이후 온전히 관계를 회복하기 어려울 수 있다. 부처님의 말씀 한 구절이 이를 아주 잘 보여준다. "노여움에 매달리는 것은 스스로 독약을 마시고 상대방이 죽기를 바라는 것과 같다."

어느 직장에나 정치가 있으며, 학교도 예외가 아니다. 정치는 사람들이 있는 모든 시스템에 존재하는 실체이다. 겉으로는 고상해 보여도 파벌, 편애, 심지어 뒷담화까지도 일어날 수 있다. 정치라는 것은 다양한 수준의 플레이가 가능한 게임이다. 하지만 당신이 뚜렷한 가치와 원칙을 가지고 있다면 어떤 결정을 내리는 준거이자 윤리적인 나침반을 안정되게 유지할 수 있는 장치로 활용할 수 있다. 이러한 도덕적 잣대가 없다면 정치적 흐름에 휩쓸려서 윤리에 어긋나는 재량권을 행사하게 되고, 나아가 행정적 맹목이라는 파괴적이고 위험한 길로 들어서게 된다.

아무리 넓은 지역에서 근무하더라도 우리는 사회적 관계로 얽혀 있어서 여섯 단계만 거치면 모두가 연결된다. 따라서 가능하다면 다리를 태워서는 안 된다. 즉, 관계를 망가뜨리려서는 안 된다. 랠프 엘리슨^{Ralph Ellison}은 이를 매우 설득력 있게 표현하였는데, "교육은 결국 다리를 놓는 일이다"라고 하였다. 한 무명작가도 다음과 같이 말하며 경계하였다. "다리를 태우지 않도록 조심하라. 다시 건너가야 할지도 모른다."

폐쇄되지 않기

어디나 자신이 일을 매우 잘한다고 믿는 상사들이 있기 마련이다. 이들은 자기 일을 아주 자랑스러워하며 자신이 운영하는 학교나 회사가 이상적인 곳이라고 믿는다. 학교는 효율적으로 운영되고 있으며 자신은 공정하고, 책임감 있고, 누구든 쉽게 접근할 수 있다고 생각한다. 태생적으로 자신이 옳다고 생각하기 때문에 이러한 점에 의문을 가지거나 시험해볼 필요도 느끼지 못한다.

문제는 이들이 완전히 틀렸다는 점이다. 어떠한 근거도 없이 그저 스스로 그렇게 여겨온 것이다. 교사들은 선의 때문에 관리자가 이러한 문제를 스스로 깨달을 기회를 차단하는 경향이 있다. 교사들로서는 관리자들의 감정을 상하게 하고 싶지 않고, 굳이 번거롭게 하고 싶지 않기 때문이다. 그러나 이런 일이 계속되면 점점 위태로운 상태가 된다. 그러면 교사들의 신뢰도나 학교 환경에 문제가 생겼을 때 관리자들은 갑자기 흐름이 확 바뀐 것처럼 느끼고, 상처받고, 망연자실하고, 혼란스러워한다.

이러한 문제가 학부모와의 교류에는 어떤 영향을 미칠까? 정기적으로 학교의 문제점에 대해 점검하지 않는다면 문제가 학부모에게까지 파급될 수 있다. 인식하지 못하는 사이 어느 순간부터 학부모와의 교류가 매우 어려워질 수 있다. 이런 사태를 막기 위해서 당신이 관리자라면 다음과 같은 부분을 확실히 해두자.

- **솔직한 교직원 또는 학부모들과의 교류하기**: 교류는 하되 일일이 대꾸하거나 반응하지 않는다. 그들이 말하는 것을 그저 듣고, 받아들이고, 자신에 대해 솔직하게 비판하자.
- **익명의 의견 듣기**: 의견함을 활용하여 익명으로 의견을 제시하도록 한다. 이를 통해 관리자는 꾸미지 않은 의견을 들을 수 있고, 다른 사람들은 보복에 대한 두려움 없이 의견을 개진할 수 있다. 사실 이런 의견 중에는 별다른 이점이 없는 사소한 것들도 있지만 꽤 유용한 것들도 있다.
- **의견이 다른 사람과 회의하기**: 자신과 다른 의견, 다른 성격을 가진 사

람이 미팅에 참여하도록 한다. 이런 사람들이 필요한 이유는 자신의 시각과 다른 관점을 접하게 해주기 때문이다. 이들의 의견이 더 타당할 수도 있고, 당신의 말이라면 무조건 동의하는 '예스맨'으로 인한 폐해를 보완하고 균형을 잡을 수 있다.

- **사무실에서 벗어나 학교를 둘러보기:** 벽으로 둘러싸인 사무실에서 벗어나면 학교에서 무슨 일이 벌어지고 있는지 두 눈으로 볼 수 있다. 여러 날을 잡아 다양한 시간대에 학교를 둘러보면 학교 구성원들이 각각 어떤 환경에 놓여 있는지를 알 수 있다. 눈으로 직접 본 학교는 그동안 들었던, 믿고 있던 학교의 모습과 상당히 다를지도 모른다.
- **모든 직원과 이야기 나누기:** 학교의 현황을 균형적으로 인식하기 위해 모든 직원과 이야기를 나눈다. 보조교사, 학교실무사, 학교식당 직원, 학교 보안관 등 학교에서 일하는 모든 직원과 대화를 나누다 보면 학교의 교육 환경이나 현황에 대해 균형 잡힌 견해를 얻을 수 있을 것이다.

자신의 아킬레스건 찾기

우리 대부분은 특히 민감하게 생각하는 문제를 가지고 있다. 또한 직업적인 삶에 관여시키고 싶지 않은 개인적인 삶의 궤적도 있다. 누구나 실패하고 상처받고 고전했던 경험이 있고, 이런 경험 덕분에 우리는 학생이나 가족들에 공감할 수 있다.

이런 경험들이 어떤 형태로든 당신에게 영향을 미칠 수 있음을 알아야 한다. 때로는 당신의 직업적 무장을 뚫고 들어와 인간적 영향을 주기도 하고, 당신 자신이 아닌 것 같은 감정적 반응을 갑자기 유발하기도 한다. 다시 한번 강조하지만 당신 자신의 인생을 돌아보고, 타인의 인생 스토리가 당신의 삶에 어떤 영향을 미칠지 알아두는 것이 필요하다.

참고 문헌

* "Olivier Theyskens Quote." Brainy Quote. Accessed April 10, 2016. http://www.brainyquote.com/quotes/quotes/o/olivierthe539947.html.

1) "N.J. Now Has More Than 100 School Religious Holidays You May Not Know About." Toms River, NJ Patch. 2016. Accessed April 12, 2016. http://patch.com/new-jersey/tomsriver/nj-approves-more-100-school-religious-holidays-you- may-not-know.

2) Gabor, Don. *How to Start a Conversation and Make Friends*. New York: Simon & Schuster, 2011.

3) Mehrabian, *Albert. Silent Messages: Implicit Communication of Emotions and Attitudes*. Belmont, CA: Wadsworth Pub., 1981.

4) "Triangulation (family Dynamics)." Psychology Wiki. Accessed February, 2016. http://psychology.wikia.com/wiki/Triangulation_(family_dynamics).

6장

학생을 위한 최선의 방법 찾기
| 응대하기 어려운 학부모 유형 및 대처법 |

사람들이 도움을 요청할 때, 때때로 그들이 원하는 유일한 답은 혼자 문제에 부딪히지

않아도 된다는 것이다.

- 마크 아멘드(Mark Amend) *

어느 학교, 어느 지역이나 까다로운 학부모는 있다. 이들은 소수로 전체 학부모의 2% 정도에 불과하지만 교사들의 업무 시간 95%를 소모한다. 이런 학부모의 자녀를 몇 년 동안 지도하다 보면 그야말로 머리가 빠질 것 같고, 하얗게 센 머리를 쥐어뜯고 싶은 심정이 된다. 물론 이런 학부모들이 일반적인 것은 아니며 대부분은 평범하

고 유쾌한 사람들이다. 다만 이 몇몇 까다로운 학부모를 상대하는 일은 매우 힘들고, 교사와 관리자들을 움츠러들게 만든다. 까다로운 부모는 어느 학교에서나 찾아볼 수 있고, 이름과 얼굴만 다를 뿐 행동방식이나 의도, 목적이나 태도가 놀라울 정도로 유사하다.

까다로운 학부모의 유형을 살펴보기 전에 한 가지 분명히 해둘 것이 있다. 지금부터 제시할 학부모의 성격 유형은 학교에서 볼 수 있는 까다로운 부모들의 다양하고 독특한 특성을 보여주기 위한 일종의 유형화^{stereotypes}일 뿐이며, 결코 학부모들을 경시하는 것이 아니다. 학부모들은 자신이 원하는 것, 즉 자녀에게 필요한 것을 제공하기 위해 나름의 문제 대처 방식을 취하는 것뿐이다.

당신도 학부모라면 학교에서 좋은 일도 나쁜 일도 있었을 것이다. 좌절도 겪고 보람도 느꼈을 것이다. 그리고 자녀가 실패했을 때, 좋은 점수를 받지 못했을 때, 혹은 실망하거나 슬퍼하며 집에 돌아왔을 때는 가슴이 아팠을 것이다. 이럴 때 부모라면 무슨 방법을 써서라도 자녀에게 필요한 것을 얻으려 할 것이고, 이를 위해 가장 익숙한 방식을 사용하려 할 것이다.

따라서 교사가 상황에 따라 활용할 수 있는 대처 방법을 많이 갖고 있을수록 학부모와의 문제를 더 잘 다룰 수 있다. 공구가 한두 개밖에 없으면 고칠 수 있는 것도 제한적이다. 반대로 다양한 도구를 가지고 있으면 어렵고 힘든 대화도 잘 헤쳐나갈 수 있다. 이는 학생을 위한 최선의 방법을 학부모와 함께 찾기 위함이라는 것을 기억하자.

"내 아이는 천사고, 모두 당신 잘못이야"라는 학부모

이 유형의 학부모는 자녀에게 절대로 잘못이 없다고 믿는다. 어떤 형태로든 학교나 교사, 다른 학생이 자녀를 자극하고 괴롭혔다고 생각하며, 실제로 그렇지 않다는 게 밝혀져도 생각을 바꾸지 않는다.

이 유형의 학부모들은 교사가 천사 같은 자녀를 부당하게 대했다고 믿는다. 그래서 순리적·논리적인 결과로부터 자녀를 변호하고, 보호하려고 한다. 자녀를 보호하는 것과 비판으로부터 무조건 감싸고 옹호하는 것을 똑같이 생각한다. 자녀와 관련된 모든 일을 흑백의 관점에서 보려 한다. 교사와 관리자들도 아주 훌륭한 교육자 아니면 물리쳐야 할 적으로만 보고, 자기 자녀는 다른 아이들이 결코 도달할 수 없는 높은 수준에 있다고 생각한다. 이런 학부모를 어떻게 대해야 할까?

- **사실관계만 이야기한다:** 사실관계만 이야기하고 이들의 감정에 휘말리지 말아야 한다. 이들이 교사를 만나러 올 때는 대부분 감정이 격해진 상태로, 억울하게 당하고 있는 어린 자녀를 위해 뭐라도 해야만 한다고 느끼는 경우가 많다. 이런 학부모의 분노나 좌절을 비롯한 다양한 감정을 그대로 받아주는 것은 불난 집에 부채질하는 것과 같다. 이들의 감정에 휩쓸리지 않으려면 미리 신중하게 짜둔 각본에 따라 대처하는 것이 좋다. 전달하고자 하는 바를 차분하게 반복함으로써, 그들의 분노와 격한 감정을 어느 정도 가라앉힌다.

- **대화 내용을 문서화하자:** 이 유형의 학부모와 대화할 때는 항상 내용을 문서화하자. '우리 아이가 피해(희생)를 보았다'라고 느끼거나 실제로 이들의 자녀가 피해자인 경우 소송으로 이어지기도 한다. 이 경우 해당 학생 및 부모와 함께 지금까지 일어난 일, 일어날 수 있는 일을 기록해두어 사실관계를 명료화한다. 이러한 기록에는 양자 간의 갈등이나 대립으로부터 기인한 감정 섞인 과장은 배제해야 한다. 사실관계에 관한 대화 내용을 문서화할 경우, 날짜, 시간, 대화의 특정 부분을 세세하게 기록할 수 있는 명료한 양식(틀)이 필요하다.

- **이메일 대화를 조심하자:** 온라인 의사소통을 부정적으로 보는 경향이 있는 화난 학부모들과는 이메일 대화를 피하는 것이 좋다. 당신에게 불리하게 이용되거나 잘못 해석될 수 있기 때문이다. 단, 학부모들에게 분명히 해두고 싶은 사항이라면 이메일로 알리고 저장해두는 것이 좋다. 예를 들어 학생의 상벌에 관한 대화, 학부모 미팅 또는 학부모가 예정된 미팅에 참석하지 않았을 때의 규정 등에 관해서는 이메일을 보내고 기록으로 남기자.

- **부모와의 미팅에 학생을 참여시키자:** 자녀를 그저 좋게만 보는 이러한 양육환경에서 자란 아이들은 종종 교사나 학교 관리자 등 권위 있는 성인에게 대항하기 위해 부모를 끌어들여 '삼각관계'를 형성하려 한다(5장 '삼각화'의 정의 참조). 이런 가족과의 대화에는 학생도 반드시 참여시키고, 학교와 부모님의 대립에는 대가가 따른다는 것을 보여준다. 사실 이 아이들은 이미 사람들이 서로 대립하게 만드는 법을 터득했다. 교사와 부모님이 대립하도록 만들어 모든 이의 관심이

거기에 쏠린 사이 슬그머니 빠져나갈 수 있다는 것을 배운 아이들이다. 이 아이들은 어른들이 상황을 둘러싸고 감정적으로 부딪히면 자신의 행동에 대한 처리는 잊어버릴 것이라 생각한다.

- **학생에게 거짓말할 기회를 주지 말자:** 실제로 이런 양육 방식에 익숙한 아이가 거짓말을 하도록 무의식중에 부추기는 경우가 꽤 있다. 예를 들어 아이가 급식실 테이블에 우유를 엎지르면 교사는 거의 습관처럼 "네가 우유를 흘렸니?"라고 질문한다. 이 순간 아이에게는 선택지가 주어진다. 첫 번째는 정직하게 말하고 결과와 책임을 받아들이는 것이고, 두 번째는 거짓말로 책임에서 벗어나는 것이다. 아이에게는 후자 쪽이 유용하게 작용한다. 자신이 정직하지 않다는 것을 직접 이야기할 필요가 없기 때문이다. 따라서 아이가 정직하지 못하다는 것을 이미 안다면 사실대로 정확하게 말했는지 따지기보다는 곧장 문제에 대해 다루는 것이 좋다.

가장 잘 맞는 갈등 관리 유형

수용형: 이 유형의 주된 전략은 빨리 갈등을 마무리하고 학부모와 친하게 지내고 싶다는 것을 보여주는 것이다. 이렇게 공감하는 모습을 보여주면 학부모는 당신이 부모·자식 관계의 특징과 자녀의 특성을 이해한다고 믿는다.

협력형: 협력을 통해 학부모가 자신의 감정을 배제하고 아이의 행동을 객관적으로 바라보게 만들 수 있으며, 합의 가능한 부분을

더 쉽게 받아들이도록 할 수 있다.

주의가 필요한 갈등 관리 유형

회피형: 갈등 회피자들은 최대한 갈등을 일으키지 않으려 하므로 문제 발생의 초기에는 어느 정도 효과적이다. 하지만 갈등이 계속될 경우 더 큰 문제에 부딪힐 수도 있다. 학부모들이 갈등 회피를 자신에 대한 인정과 수용으로 잘못 받아들이기 때문이다.

지배형: 이 유형의 학부모들에게 당신의 생각을 밀어붙이면 즉각적인 저항에 직면한다. 이런 학부모들은 자녀와 자신의 관계가 아주 특별하며, 자기 자녀가 다른 학생들보다 특별하다는 것을 교사가 이해해주기 바란다. 오로지 자신의 자녀만 신경 쓰기 때문에 자녀가 학급의 다른 학생들에게 미칠 영향에 관해 아무리 이야기해도 소용없다.

"학교의 문제는 학교가 알아서 해"라는 학부모

이 유형의 학부모들은 관리자와 교사 그리고 교직원들까지 학부모에게 여러 번 전화해서 도움을 요청해도 알았다고 말만 하고는 실천하지 않거나 다시 연락하지 않는다. 비상연락망에 있는 연락처로 연락해봐도 번호가 틀렸다거나 연결이 안 되고, 전혀 응답이 없다.

이렇게 학부모가 당신에게 협력하지 않는다고 바로 방어적으로 반응하지는 말자. 이런 학부모 중에는 경제적으로 아주 힘든 상태에 있거나 정신적·신체적인 건강 또는 가족 문제 때문에 힘들어하는 사람도 있기 때문이다. 집에 전기가 끊어졌는데 아이의 숙제 문제에 학부모의 협조를 바라는 것은 애초에 합리적이지 못하다(7장의 매슬로우의 위계 그림 참조). 먼저 가정의 기초적인 생존 욕구가 충족되고 있는지 살펴볼 필요가 있다.

이 유형의 학부모 중에는 자녀가 학교에 있을 때 교사가 염려하는 부분에 대하여 협조하는 것은 자신의 역할이 아니라는 생각을 가진 사람도 있다. 이런 학부모는 '아이가 나하고 있을 때는 알아서 돌보고 학교에 도움을 요청하지 않잖아. 그러니 아이가 학교에 있을 때는 오로지 교사의 책임이지'라고 생각한다.

- **먼저 가정의 상황을 살펴보자:** 만약 가정의 기초 생계 조건(음식, 돈, 의류, 전기, 수도)이 충족되지 않은 경우라면 사회복지사나 학교 상담원을 연결하여 이를 해결하도록 돕는다. 이러한 긴급한 요구가 충족된 이후에는 아이를 위해 상호협력이 필요한 부분에 관해 학부모들의 협조를 더 잘 끌어낼 수 있다.
- **비상연락망을 계속 업데이트하자:** 비상연락망에 가능한 최신 정보를 포괄적으로 기재한다. 어떤 학부모는 수시로 전화번호를 변경한다. 이런 경우 가족에게 연락하려고 아무리 시도해봤자 소용없으며, 계속 연락하는 것도 의미가 없다. 시간만 낭비하고 다른 교사들까지 짜증

나게 할 수도 있다. 그 시간에 학교에서 자체적으로 운영할 수 있는 상벌체계를 만드는 편이 낫다.

- **상벌체계를 만들자:** 학생의 성공을 돕기 위한 상벌체계를 통해 학교 내에서 효과적으로 개입할 수 있다. 자체적인 상벌체계는 어떻게 운영할 수 있을까? 먼저 학교에서 아이에게 제공할 수 있는 다양한 범위의 보상을 찾아보고, 그다음 아래처럼 학생들에게 질문해가면서 구체적인 보상책을 정한다.

  - 학교에서 읽고 싶은 책이나 보고 싶은 비디오 세 개를 말해보세요.
  - 쉬는 시간에 하고 싶은 활동 세 가지를 말해보세요.
  - 선생님과 하고 싶은 세 가지 과업을 말해보세요.
  - 학교에서 자유 시간에 해보고 싶은 것 세 가지를 말해보세요.
  - 학교에서 사용하고 싶은 앱 세 가지를 말해보세요.

어디까지나 학교 내부적인 약속이니 필요에 따라 그만둘 수도 있다. 해당 문제에 대한 서면 기록을 우편이나 이메일을 통해 학부모에게 보낸다. 당신이 학부모에게 필요한 연락을 했다는 증거가 되기 때문이다.

가장 잘 맞는 갈등 관리 유형

지배형: 학교를 방문하거나 자녀의 학업 문제에 관여하기를 거부

하는 학부모들에게 강하게 대해야 할 때 효과적인 유형이다. 학생 자신이나 다른 사람의 안전에 관계된 문제일 때는 학부모를 관여시키기 위해서 강력한 경계 설정과 결과 예측이 필요하다.

주의가 필요한 갈등 관리 유형

회피형: 이 전략을 활용하면 학부모와 학교의 상호작용에서 중립적인 분위기를 조성할 수 있다. 이 유형의 학부모들은 갈등이나 깊은 대화를 원하지 않으므로 갈등이나 학교와의 상호작용 회피는 그들이 추구하는 바이기도 하다.

피해야 할 갈등 관리 유형

수용형: 사실 이런 학부모들은 자신을 친구로 여기든 적으로 여기든 전혀 관심이 없다. 솔직히 말해 이들은 아이가 학교에 있는 동안 자신을 그냥 내버려두기를 원한다. 당신이 말하고자 하는 것보다 우선시되는 자신만의 문제가 있기 때문이다.

협력형: 이 학부모들의 양육 방식을 고려하면 이들이 원하는 것이 협력이 아니라는 사실을 알 수 있다. 이러한 학부모들은 자신이 교육에 참여해야 할 필요성을 찾지 못한다. 다시 말하지만 그들은 적대적이지 않다. 다만 참여하고 싶지 않을 뿐이다.

"모든 걸 알고 싶어요"라는 학부모

이 유형의 학부모들은 질문이 많다. 교사가 일을 이런 방식으로 처리하는 이유가 무엇인지, 관리자는 왜 그런 방식으로 학교를 운영하는지, 지역 교육청에서는 왜 지금 같은 교육과정이나 평가 체제를 채택하였는지 혹은 채택하지 않았는지 궁금해한다. 이들의 직업은 주로 엔지니어나 과학자 등으로 분석적인 성향을 띠는 경우가 많다. 그리고 모든 것에 대해 질문함으로써 자녀가 속한 세계를 탐색하려한다.

이 학부모들은 당신이 수업에 활용하는 교육과정과 전략을 알고 싶어 하며, 실제로 학부모가 알아둘 필요가 있기도 하다. 이들은 자녀의 학습에 대해 많이 알아야 더 잘 뒷받침할 수 있다고 생각한다. 특히 특수교육 대상자인 자녀를 둔 학부모의 경우 자녀에 대해 더 잘 알고 뒷받침해야 한다고 절실하게 느끼므로 이 유형에 해당하는 것처럼 보이기도 한다.

'아는 것이 힘이다'라는 말처럼 이런 학부모들은 교사만큼이나 자세하게 알기를 원한다. 이런 모습이 당신의 능력을 불신하거나 당신의 지식을 시험하는 것처럼 보일 수도 있다. 그러나 이들의 질문이나 지식 전달 혹은 제안을 비판과 혼동해서는 안 된다. 이러한 충고를 감정적으로 받아들이거나 당신의 능력을 의심한다고 간주하지 않도록 주의하자.

- **궁금해하는 정보를 제공하자:** 이 유형의 학부모에게는 학교 교육과정에 대한 안내 프로그램을 제공하고 학부모-교사 간에 자주 연락을 주고받는 것이 도움이 된다. 이들은 자녀가 무엇을 배우고 있는지, 세상이 어떻게 돌아가는지, 미래에 무엇을 기대하고 예상해야 하는지에 대한 정보를 끊임없이 찾는다. 지역 교육청 웹사이트, 소식지 혹은 학부모총회로 이에 대한 정보를 제공함으로써 자녀가 무엇을 배우고 있는지 잘 모른다는 걱정을 덜어줄 수 있다.
- **교육 계획에 변경이 있으면 미리 알린다:** 미리 정해둔 교육과정에서 벗어나면 학부모에게 서면으로 알린다. 특히 조금이라도 논란이 될 만한 사안이 있다면 반드시 그렇게 해야 한다. 또한 관리자와 함께 사전에 검토하였다는 점도 당연히 학부모에게 통지해야 한다.

가장 잘 맞는 갈등 관리 유형

수용형: 당신이 학부모가 말하고자 하는 것을 이해하려고 하고, 그들을 동료 교사처럼 대하면 이런 유형의 학부모들은 아주 뿌듯해하면서 친구가 되려 하고 많은 것을 알려주려 할 것이다. 물론 당신도 자신의 관점을 잘 전달할 수 있게 된다.

주의가 필요한 갈등 관리 유형

협력형: 어떤 학부모는 자신이 교사보다 더 많이 알고 있다고 생

각하여 당신을 계속 가르치려 할 것이다. 이런 학부모와 협력하기란 쉽지 않다. 당신이 참여하는 것의 가치를 알지 못하거나 당신의 제안을 자신의 것만큼 유용한 것으로 보지 않기 때문이다. 문제를 어떻게 해결할 것인지에 대해 학부모가 일방적으로 말하지 않도록 흐름을 유도해 함께 살펴보고 중재 방안을 찾도록 한다.

지배형: 이 유형의 학부모는 일반적으로 교사와 대립하지는 않는다. 그렇지만 자신이 정확하다고 보는 견해에 대해서만큼은 비록 상대가 전문가라 할지라도 다른 사람의 의견을 잘 받아들이지 못한다. 이런 이들에게 너무 강하게 밀어붙이면 불쾌해하며 아예 관계를 차단해버릴 수도 있다.

강압적인 학부모

학교 내의 놀림, 협박, 괴롭힘은 뉴스에서 많이 언급되어온 부분이다. 그런데 정작 그런 일들이 발생하는 원인을 간과한다. 남을 괴롭히는 학생들은 주변으로부터 괴롭힘이나 강압적인 행동을 보고 배웠을 수 있다. 강압적인 학부모에 대처하는 방법은 다음과 같다.

• **선제적으로 대처하자:** 아이가 집에서 학교 일에 대해 느낀 바를 사실대로 말할 때까지 마냥 기다리는 것은 좋지 않다. 그 사이에 부모의 분노가 더 커질 수도 있기 때문이다. '글쎄요. 부모들도 아이의 관점

에서 이야기를 들어보고 싶지 않을까요?'라고 생각할 수도 있지만 전혀 그렇지 않다. 감정은 항상 논리적이지는 않으며, 분노는 더욱 그렇다. 학생이 집에 도착하기 전에 먼저 학부모에게 전화하여 당신의 관점에서 상황을 전달해야 한다.

- **화난 상태에서 전화하지 말자:** 화난 상태에서 대화하다 보면 학부모와 정면으로 부딪칠 수도 있다. 이 유형의 학부모들은 쉽게 화내고, 다른 이가 화내는 것을 보면 물고 늘어지기 때문에 자칫 폭발적인 대립으로 이어질 수 있다.

- **이메일 연락은 삼가자:** 누군가로부터 이메일이나 문자 메시지를 받았을 때 보낸 이의 의도와 전혀 다르게 맥락을 잘못 해석한 경험이 한 번쯤 있을 것이다. 이 유형의 학부모들은 특히 심해서 이메일을 보고 교사의 의도와는 상관없이 대립적인 논조라고 오해할 수 있다. 또한 이메일은 비교적 쉽게 조작할 수 있으며 사본을 남길 수 있는 문서이다. 따라서 이메일보다는 전화로 연락하고 통화 내용을 기록해 보관해두는 방식이 더 안전하다.

- **미팅 중에 감정이 격해질 기미가 보인다면:** 이럴 때는 학교 보안관이나 업무 담당자에게 알리자. 대화가 너무 격해지거나 지나치게 감정적인 상태가 되면 일단 미팅을 중단하고 다시 일정을 잡는 방법도 고려하자. 화난 상태에서는 생산적인 결론을 내기 어렵다.

- **자신의 가치관이나 입장을 양보하지는 말자:** 이 유형의 학부모들은 종종 문제에 대한 자신의 관점이나 시각을 강요하려 든다. 처음에는 작은 문제로 시작하겠지만 자신의 전략이 효과적이라는 것을 알고 나면

더 크고 중요한 문제에서도 자신들의 입장을 강요하고자 할 것이다.

- **처음부터 분명한 경계를 설정하자:** 처음부터 확실하게 경계를 설정해야 학부모들도 이를 존중할 가능성이 크다. 그러지 않으면 나중에 가서 "지난번에는 안 그랬잖아요"라고 지적하는 학부모들을 상대로 경계를 유지하느라 진땀 뺄 것이다. 이런 학부모들은 처음부터 강하게 나가야 교사를 존중하며 다른 전략들은 약점으로만 인식한다.

가장 잘 맞는 갈등 관리 유형

협력형: 양보하거나 타협할 수 없는 교육적 가치와 비전을 사전에 확실하게 정해둔다면 적절한 전략이 된다. 협상 가능한 부분이 어디까지인지 확고히 하고, 문제의 해결을 위해 학생이나 학교에 대한 당신의 가치관, 방침 또는 비전을 포기하지 않을 것이라고 분명히 알려야 한다.

주의가 필요한 갈등 관리 유형

지배형: 이 전략을 강압적인 학부모를 상대로 활용할 경우 긍정적으로도 부정적으로도 진행될 수도 있다. 처음에는 학부모가 싸움으로 받아들이고 비효율적인 힘겨루기가 생길 수도 있다. 하지만 이 유형의 학부모가 다른 이들을 제압하고 공포감을 조장함으로써 타인을 마음대로 휘둘러왔다면 이 방법 외에는 딱히 뾰족한 수가 없

다. 단, 당신 이전에 학부모를 만난 교사들이 분란을 피하고자 학교의 비전과 가치를 포기한 적이 있다면 문제가 커진다. 그러면 단호하게 대처하려던 당신이 오히려 코너에 몰릴 수 있는데, 이때 교육적으로 옳은 것이 무엇인지 적극적으로 주장하고 분명한 경계를 설정해야 한다. 이 경우에도 이들 학부모는 학교 시스템이나 교사들의 일관성 부족을 지적하며 따질 것이다.

피해야 할 갈등 관리 유형

수용형: 강압적인 학부모는 친절함과 융통성을 약점이라고 생각한다. 사소한 문제라면 용인할 수 있겠지만, '하나를 내어주니 열을 달라고 한다'라는 말처럼 계속해서 양보하다 보면 요구가 점점 커지고, 더 내어줄 것이 없는 지점에 이르게 된다. 이 시점이 되면 학부모들은 당신의 양보도 일종의 특권이라고 믿으며, 교사가 설정한 경계를 만만하게 보고 넘어오려고 할 것이다.

"아이가 학교에 가고 싶을 때 갈 거예요"라는 학부모

상습적으로 학교를 빠지는 학생이 있다. 긴 연휴 등으로 장기간 학교를 쉬었거나 방학이 끝난 직후에 등교를 거부하는 학생도 흔하다. 주말이나 휴일 직후의 결석인 경우 부모들이 일찍 일어날 수 없거나 일어나고 싶지 않아서 결석시키는 양육상의 문제일 수 있다. 그러나 주중이나 학년 중후반에 결석하는 것은 흔치 않다.

학생이 학교를 자주 빠진다면 혹시 학대나 방치로 의심할 만한 정황이 있는지 주의 깊게 살핀다. 안타까운 일이지만 아이의 멍 자국이 없어질 때까지 집에 두거나 부모가 신경 써주지 않아서 학생이 제때 학교에 오지 못하는 예도 있다.

앞서 언급한 바와 같이 부모가 집에 있다면 학생이 집에 있고 싶어 할 수도 있다. 부모가 집에서 자기만 빼고 재미있는 일을 한다고 느끼는 학생도 있다. 만약 부모가 만성적인 병을 앓고 있는 경우라면 아이는 부모님을 도와야 한다고 생각한다. 등교가 학생의 법적, 교육적 의무임을 학생과 부모 양쪽에게 이해시킬 필요가 있다. 학교 공포증을 앓아 결석하는 학생도 있다. 이런 아이는 학교에 올 때마다 환영받는다는 느낌이 들게 해주는 것이 좋다.

- **학생들의 결석 패턴을 살피자:** 결석이 산발적인지, 아니면 패턴이 있는지 확인해보자.
- **학대 정황이 있는지 살피자:** 따뜻한 날씨에도 긴소매를 입었거나 아이의 몸에 멍이 들었거나 신체적 체벌에 관해 이야기하지는 않는지 유심히 살피자. 어린 학생이 부모를 깨울 수 없다거나 혼자 알아서 학교에 와야 한다고 이야기하는가? 아이가 나이에 비해 비정상적으로 왜소한가? 더러워진 옷을 계속 입고 오는가? 모두 학대나 방치의 의심 징후이다.

- **학교 공포증이 있는 학생의 경우:** 학생에게 창피를 준다거나 그동안 어디 있었냐고 물어보지 않도록 주의한다. 친구들에게도 조심시킨다. 주변 사람들이 이렇게 물어보면 학생의 불안감만 가중될 뿐이다. 교내 사회복지사나 상담교사에게 도움을 요청하는 것도 좋으며, 이들을 통해 외부 상담을 진행하는 것도 고려할 필요가 있다. 학생이 이미 외부 상담을 받고 있다면 정보를 확보하여 학교에서도 치료 전략을 일정 부분 활용할 수 있을 것이다.

- **과제를 제공하자:** 교사 중에는 상습적으로 결석하는 학생들에게 과제 제공을 거부하는 경우도 있다. 하지만 이는 학업 진도를 따라가고자 하는 학생에게서 기회를 빼앗는 일이므로 효과적이지 않다. 부모가 요구하는 한 학교에서 과제를 제공하도록 하자. 교사의 비전은 교육을 보류하는 것이 아니라 모든 학생을 가르치는 것이라는 점을 다시 한번 떠올릴 필요가 있다.

- **출결 담당자와 의논하자:** 출결 담당자는 당신이 미처 인식하지 못했던 학구 내의 문제에 대하여 알려줄 수 있다. 출결 담당자와의 정기적 논의를 통해 사회복지 서비스를 요청하거나 가족에게 필요한 지원을 제공하는 등 추가적인 조치를 결정한다.

가장 잘 맞는 갈등 관리 유형

수용형: 이 유형의 학부모는 대부분 상당히 불안해한다. 자녀가 보이지 않으면 무슨 일이 일어날지 걱정하고, 안전한 집에 두고 싶

어 한다. 자신들은 그렇지 않다고 말하지만 자녀에게도 부모와 함께 집에 있어야 한다는 암묵적 신호를 주고, 심지어 집에 있으면 보상해주기도 한다. 이들의 불안과 공포에 귀 기울이고 들어주면 서먹한 분위기를 깨고 진실을 고백하는 데 도움이 된다.

주의가 필요한 갈등 관리 유형

협력형: 이 학부모들은 무엇보다도 자기 이야기를 들어주기를 원한다. 최악의 시나리오를 상상하며 정말로 걱정하고 있다는 점을, 자녀에게는 자신이 필요하고 또 자신에게도 자녀가 필요함을 당신이 알아주기 바란다. 이들은 통학버스가 매일 아침 아이를 납치하러 오는 것처럼 느낀다. 이런 부모의 불안감이 진짜임을 이해해야 한다.

지배형: 통상적으로 지배형 교사가 걱정이 많은 학부모와 대면하면 불안감을 더 키우고 완전히 차단해버리는 결과가 일어난다. 단, 아주 중요하고 필수적인 예외가 있는데, 부모가 자녀를 신체적으로 학대하는 경우이다. 이들은 학대로 생긴 멍이 나을 때까지 아이를 집에 숨기려고 한다. 이런 예외에 관해서는 강력한 기준을 세워 강경하게 대처하고, 즉시 관련 기관에 신고해야 한다.

피해야 할 갈등 관리 유형

회피형: 이런 학부모를 대할 때 갈등을 피하려고 하면 학부모도

좋아한다. 대립과 갈등은 그들의 불안감을 고조시키기 때문이다. 단, 출결 담당자가 이들 가정을 방문하거나 당신이 연락을 취하는 정도의 압박은 필요하다. 이러한 압박은 그들이 매일 경험하는 불안감이라는 높은 산을 정복하는 데 필요하다.

"우리 아이는 안 그래요"라는 학부모

이 유형의 학부모에게 자녀의 행동에 대해 말하면 절대 그랬을 리가 없다며 부정한다. 자녀가 잘못을 저질렀고, 이를 책임져야 한다는 사실을 받아들이기 어려워한다. 학교에서 일어나는 자녀와 친구들 사이의 상호작용이나 자녀에게 부여된 책임에 대해서는 고려하지 않고 그저 집 안에서 보던 제한된 시각으로만 자녀를 바라보기 때문이다.

- **학교 규칙과 절차에 대하여 알리자**: 이 부모들은 종종 당신이 자기 아이를 '본보기'로 삼고 있다고 믿는다. 따라서 규칙 위반이 명백하지 않은 사안에 관해 이야기하면 그들 자신과 자녀를 향한 인신공격으로 받아들인다. 따라서 학교 규칙과 절차를 정확히 알려주어야 한다. 규칙에 대해 알려주면 비난보다는 규칙과 규정 중심으로 대화를 이어갈 수 있다.
- **부모가 먼저 말하게 하자**: 아이에 대해 염려되는 부분을 당신이 아닌 부

모가 먼저 말하게 한다. 이렇게 함으로써 그들의 기세나 감정을 누그러뜨릴 수 있다. 그런 다음 분명하면서도 사려 깊은 어조로 학부모가 모두 수용할 수 없더라도 학교의 규칙은 일관되게 적용되어야 함을 상기시킨다.

학부모의 주장에 일부 공감되더라도 자녀가 옳다는 그들의 주장에 동의하는 것처럼 보이지 않도록 주의해야 한다. 그들의 관점을 이해한다는 정도의 태도만 취하자. 이 유형의 학부모는 당신이 자신의 주장에 동의해주고, 같은 편이 되어주기를 바란다. 따라서 조금이라도 동조하는 기미가 보이면 어떻게든 거기에 매달리려고 할 것이다.

- **심각한 경우:** 교감이나 학교생활부장 등 다른 교직원에게 요청하여 회의 내용을 기록한다. 이 유형의 학부모들은 아주 쉽게 화를 내므로 거기에 대응할 수 있는 계획을 세워야 한다.

가장 잘 맞는 갈등 관리 유형

협력형: 협력은 이런 학부모를 상대할 때 가장 좋은 방법이다. 그들은 자기 자녀가 나쁜 짓을 할 리 없으며, 자신이 반대 증거를 가지고 있다고 믿는다. 그들이 자녀를 착하다고 생각한다는 점을 이해하고, 아이 자체를 비난하지 않도록 주의하며 문제를 해결하고자 한다면 이 유형의 학부모들과 함께하는 데 큰 도움이 될 것이다.

주의가 필요한 갈등 관리 유형

수용형: 처음부터 긍정적으로 지내고자 하는 유형이므로 초기에는 학부모들과 잘 맞을 수 있다. 다만 자식을 방어할 때는 학부모가 상당히 강하게 나올 수 있다는 점을 기억해야 한다. 그러므로 친절하되 우선 사항과 직무 충실성도 견지해야 한다.

피해야 할 갈등 관리 유형

회피형: 이 유형의 학부모는 자녀에게 잘못이나 책임이 있다고 믿지 않기 때문에 갈등을 피하면 부모의 생각에 동의하는 것으로 생각한다. 단, 이런 유형의 학부모들은 대개 "집에 가서 보자"는 식으로 자녀를 훈계할 것이므로, 당신의 제안에 귀 기울이지 않는 이들에게까지 소중한 시간과 에너지를 소진할 필요는 없다.

수동적 공격성(passive-agressiveness)을 보이는 학부모

이 유형의 학부모들은 특히 위험하다. 이들은 학교 공동체나 단체 그리고 소셜 미디어에 깊이 관여되어 있다. 가십거리를 위해 학교에 드나들거나 교사와 친구라는 이중적인 관계를 형성하기도 한다.

• **사소한 선물에도 주의하자:** 교사나 관리자가 커피나 빵과 같은 선물을

일상적으로 받는다면 언젠가 이에 대한 대가를 치러야 할 수도 있다. 이 학부모들의 선의가 마음으로부터 우러나는 것이 아니라는 말이 아니다. 다만 일부 학부모는 교사나 관리자들이 일종의 채무의식을 느끼도록 만들기 위해 선물을 가져오기도 한다. 작은 감사의 표시로 강한 유대관계를 형성하려는 것이다. 학생이 교사의 총애를 얻으려고 책상에 음료수를 올려놓는 것과 같다.

• **속내가 있는 칭찬에 주의하자:** 수동적 공격성을 보이는 학부모는 다른 교직원이나 관리자와 비교하면서 당신을 칭찬하기도 한다. 예를 들어 "선생님은 ○○ 선생님보다 훨씬 좋으세요" 같은 말을 들었을 때 비교 대상을 옹호하지 않거나 무심코 받아들이면 다른 곳에서 '선생님도 내 말에 동의했다'라고 말할 빌미를 제공하는 셈이 된다.

• **양극단으로 치우치기 쉽다는 점을 상기하자:** 이 부모들에게 타인은 흑 아니면 백으로 회색 영역이 거의 없다. 설령 당신이 정말로 '최고의 교사'라고 해도 이들이 당신이나 다른 교사들을 칭찬하고 다닌다면 경계심을 가져야 한다. 언제 정반대로 돌변하여 '사상 최악'이라고 말할지 모르기 때문이다. 이런 학부모를 알아보려면 그 학부모가 과거에 관리자나 교사와 어떤 관계를 맺었는지 살펴보아야 한다. 교사들 험담을 하거나 자신의 자녀 또는 가족이 교사로부터 부당한 대우를 받았다고 말하고 다니지는 않았는지 알아본다. 우연의 일치일 수도 있겠지만 이 부모들이 실제로 뒤에서 험담했을 가능성을 배제하기 어렵다. 친절을 베풀었는데도 부모 입장을 몰라주는 '나쁜' 교육자 취급을 당하는 것도 시간문제일 수 있다.

- **소셜 미디어나 축구장은 되도록 피하자:** 이런 학부모들은 다양한 지역사회 단체와 소셜 미디어에 관여된 경우가 많다. 이들과 자주 엮이며 분명한 경계를 유지하지 못하면 상처받을 일이 많아진다. 평가와 소문으로 가득한 소셜 미디어나 아이들의 축구 경기를 보러 온 학부모가 모이는 운동장이 그들의 주 무대이다. 또 이 학부모들은 자원봉사를 좋아하여 교사들이 모이는 교무실이나 회의실 등에서도 종종 찾아볼 수 있다. 이들은 일반적으로 학부모를 초대하지 않는 이런 장소에서 학교의 최신 소식을 얻을 수 있다는 것을 잘 안다. 따라서 이런 장소에서 학교 내부정보에 관해 말할 때는 주의하고, 다른 교사들에게도 주의를 주자.

가장 잘 맞는 갈등 관리 유형

협력형: 최선의 방법이다. 몇 가지 중요한 사항을 유념하자. 분명한 경계를 설정해야 하며, 거짓 칭찬에 넘어가지 않도록 하고, 이 부모들이 누군가를 험담하지 않도록 해야 한다. 그리고 이들이 말을 옮기지 않도록 관계자와 직접 의사소통하도록 안내한다.

주의가 필요한 갈등 관리 유형

회피형: 이런 학부모들은 본디 분노와 공격성을 직접 드러내지 않는다. 그래서 '수동적 공격성'이라고 하는 것이다. 이 부모들에게 화

내거나 맞서면 잠시 뒤로 물러날 뿐, 소셜 미디어를 통한 다른 복수 방법을 찾거나 학부모회에서 당신을 험담하는 등 분노를 표출할 수 있는 간접적인 방법을 찾을 것이다.

피해야 할 갈등 관리 유형

수용형: 이런 부모들의 주된 전략은 자신들이 원하는 것을 얻기 위해 다른 사람들을 편하게 해주고, 환심을 사는 것이다. 친근하게 이름을 부르거나 커피 또는 점심을 사는 것, 교실 봉사 모두 경계를 흐리려는 시도이다. 따라서 당신이 지나치게 친근하게 다가가면 그들은 이를 친구가 될 기회로 삼는다. 친구가 된다는 것은 적절함과 부적절함의 경계가 흐려질 뿐만 아니라 교사와 학부모의 역할도 모호해지고, 윤리적으로 위험한 영역에 들어설 위험이 생긴다는 뜻이다.

"왜 우리 아이만 괴롭히나요"라는 학부모

이 학부모들은 언뜻 보기에는 강압적인 학부모와 정반대이다. 왜 자신의 자녀가 다른 학생이나 교사, 때로는 양쪽 모두에게 항상 괴롭힘 당하냐며 의문을 제기한다. 그러나 해당 문제 및 인간관계가 어떻게 진행되는가에 따라 강압적인 학부모가 되기도 하고, "우리 아이는 안 그래요" 유형이 되기도 한다.

- **학생을 비난하는 것이 아님을 분명히 하자:** 자녀의 행동 문제에 관해 대화할 때 학생을 비난하거나 희생양으로 삼는다고 생각하지 않도록 주의하자. 다루고자 하는 것은 행동 그 자체이지, 아이의 인성이나 부모의 자녀 교육에 대한 비난이 아님을 상기시킨다. 비난하거나 책임을 물으면 감정적으로 치우쳐져 해결책을 모색하기 어려워진다.

- **지나치게 감정적으로 대하지 말자:** 말을 많이 하거나 일을 과장하거나 과도하게 반응하는 것도 상황을 복잡하게 만들고, 학부모들의 피해의식만 키운다. 학부모의 말을 잘 들어주고, 이들이 감정적일 때나 말하고 있을 때 말을 보태지 않는 것이 중요하다.

- **일관된 규칙과 상벌제도를 적용하자:** 교사마다 다른 기준을 가지고 있을 때는 규칙과 상벌제도를 강제하기 어렵다. 교실마다 방식이 다르다면 어떻게 학교가 일관된 규칙을 적용할 수 있겠는가? 학부모들도 학교가 문제를 다루는 데 일관성이 부족하다고 지적할 것이며, 실제로 이런 평가는 타당하다.

가장 잘 맞는 갈등 관리 유형

수용형: 이 부모들은 자녀가 괴롭힘 당할까 두려워한다. 놀림, 협박, 괴롭힘이 은밀하게 일어난다는 점을 고려하면 실제로 자녀가 괴롭힘을 당하고 있을 수도 있다. 특히 여학생 간의 괴롭힘은 은밀하고 교활한 면이 있어서 자초지종을 파악하기 어렵다. 이 부모들이 가장 원하는 것은 친절한 태도로 이런 걱정을 들어주는 것이다.

주의가 필요한 갈등 관리 유형

협력형: 표면적으로 보면 함께 의논하는 것이 유용할 수도 있다. 하지만 이 부모들은 자기 자녀가 피해자라고 생각하기 때문에 이 중 일부는 학교와의 일전을 벌일 각오도 되어 있다는 점을 알아야 한다. 이들은 다른 학생의 이름이나 학교에 영향을 미치는 이슈를 끌어오기도 한다. 이때 이름을 언급하거나 정보나 사실을 확인해주거나 다른 학생들이 받은 징계 결과를 언급하지 않도록 주의한다. 이 부모들은 미끼를 던져 다른 학생이나 학부모에 관해 이야기하도록 유도하면서 자기 자녀나 본인의 개입 문제는 피하는 데 매우 능숙하므로 충분히 주의해야 한다.

피해야 할 갈등 관리 유형

회피형: 자녀가 괴롭힘 당한다고 생각한다는 점에서 이 부모들은 이미 갈등에 직면한 상태라고 볼 수 있다. 실제 갈등이 있는지 없는지, 어느 정도인지에는 관심 없고, 그저 자녀가 상처받았다는 것만 보인다. 당신이 문제를 회피한다면 이들은 문제를 해결하고 자녀를 보호하고자 주저 없이 윗선을 찾아갈 것이다. 따라서 피해자 가족과 직접 갈등을 해결해야 하며, 신속하게 조사하고 처리해야 한다. 또한 많은 지역에서는 놀림, 협박 등 괴롭힘에 대한 문제를 정해진 기한 내에 처리하도록 법으로 규정하고 있으므로 이런 문제를 미루거나 조사하지 않는 경우 그에 상응하는 엄격한 처벌이 내려질 위험도 있다.

헬리콥터 부모

이 유형의 학부모들은 자녀 주변을 헬리콥터처럼 맴돈다고 해서 이런 별명으로 불린다. 이들은 필요 이상으로 자녀의 일에 개입하거나 자녀에게 관대하며 자녀가 나이에 걸맞게 성장하거나 발전할 기회를 주지 않는다. 자녀의 성장과 행복에 문제가 생길까 지나치게 걱정하기 때문이다. 이러한 부모 밑에서 자란 아이들은 감정적으로 미성숙하거나 솔직하지 못한 편인데, 지나치게 경직되고 융통성 없는 규칙과 부모의 과도한 감시 때문이다.

- **정기적으로 연락하자:** 이 부모들은 자녀가 안전하고 스스로 해낼 능력이 있다는 것을 믿지 않으며, 자녀 안전에 관해 교사조차 신뢰하지 않는다. 따라서 학기 초에는 정기적으로 부모와 연락하여 자녀가 잘 지내고 있다고 안심시켜주고, 이후 점차 연락을 줄이는 것도 하나의 방법이다. 일부 관리자들은 그럴 시간이 어디 있냐고 하겠지만, 학교에서 먼저 적절히 연락해두지 않으면 긴급한 사안이라며 수시로 학교에 전화할 것이다.
- **자녀를 향한 부모의 관심을 칭찬하자:** 이런 부모는 단순히 자녀가 걱정되기 때문이 아니라 자녀의 행복에 열정적인 관심이 있어서 자녀 주변을 맴돈다는 것을 기억해야 한다.
- **아이가 잘한 일을 기록하자:** 학생이 잘한 일을 기록을 해두었다가 학부모에게 알려주는 것도 방법이다. 이런 가정에서는 부모가 개입하지

않으면 자녀가 험한 세상을 감당하지 못할까 걱정한다. 자녀가 학교에서 잘한 일을 알려주면 자녀 스스로 무언가 할 수 있고, 부모가 모든 것을 해줄 필요는 없다는 것을 깨닫게 된다.

- **부모의 전화에 즉각 회신하자:** 이 유형의 부모들은 불안감이 크고, 작은 문제조차 언제든 큰 해가 될 수 있다고 믿기 때문에 자녀 주변을 계속 맴돈다. 이들에게 전화를 걸어 메시지를 남길 경우 긴급한 일 때문이 아니라는 점을 분명히 해야 한다. 그리고 전화를 못 받았을 때는 가능한 한 빨리 회신하는 것이 좋다. 그렇지 않으면 학부모는 매우 긴급하고 즉시 처리되어야 할 문제라며 상급자에게 연락할 가능성이 크다.

가장 잘 맞는 갈등 관리 유형

협력형: 이 부모들은 자녀의 안전을 계속해서 확인하려고 한다. 어떻게, 얼마나 자주 확인해주는가에 따라 부모들의 안심하는 정도가 달라진다. 이들을 안심시켜주면 시간이 지날수록 자녀에 대한 걱정이 완화될 것이다.

주의가 필요한 갈등 관리 유형

수용형: 이 유형은 자녀에게는 자신이 필요하고, 자신에게도 자녀가 필요하다고 생각한다. 이런 점은 "아이가 학교에 가고 싶을 때 갈

거예요" 유형과 유사하다. 그래도 자녀를 학교에 보내기는 하므로 기본적으로는 학교를 신뢰하고 있다. 그러므로 친절히 대하면서 신뢰를 쌓으면 부모들에게 그들의 자녀도 괜찮을 거라는 확신을 줄 수 있다.

회피형: 이 부모들은 다른 사람에게 자녀를 맡기면 안전한 곳에서 멀어진다 생각한다. 여기에 학교와의 갈등까지 더해지면 자녀가 눈앞의 비열하고 잔혹한 현실을 감당하지 못할 거라는 두려움이 더 커진다. 따라서 이 유형의 부모들과는 갈등을 피하는 것도 한 방법이다.

피해야 할 갈등 관리 유형

지배형: 지배형 전략을 쓰면 이런 부모들은 일단 한발 물러나지만 자녀의 주변을 더 심하게 맴돈다. 이 부모들은 기본적으로 자녀를 집 밖에 내놓는 것에 대해 걱정이 많다. 학교에 보내는 것도 마찬가지다. 당신이 엄격하게 말하면서 경계를 설정하면 이들은 일단 거리를 둘 것이다. 하지만 여전히 자녀가 괜찮은지 알아보기 위해 어떤 방식으로든 자녀를 감시하려 한다. 특히 젊은 초등학교 학부모일수록 이런 경향이 강한데, 자녀 스스로 날개를 펴고 무언가 해보도록 한 경험이 없어서 그렇다.

공교육과 특수교육에 대한 불신을 가진 학부모

어떤 학부모들은 개인적으로 공교육에 대해 좋지 않은 경험이 있기도 하다. 학업 문제였을 수도 있고, 공교육에 관한 관심 부족일 수도 있으며, 본인이 직접 겪어본 특수교육 때문일 수도 있다. 이들은 기본적으로 공립학교나 관리자, 교사를 신뢰하지 않는다. 따라서 처음부터 싸울 준비를 하고 학교에 오며 방어적인 태도를 보인다. 이런 학부모의 경우에는 다음과 같이 대처한다.

- **여러 교사가 동시에 학생을 비판하는 상황을 피하자:** 한 학생의 성적 부진을 놓고 다섯 명의 교사가 똑같이 비판하는 회의에 참여한 적이 있는가? 한 명이 말한 것을 모든 사람이 반복해서 말할 필요는 없다. 누가 무슨 말을 할지 학부모와의 미팅 전에 미리 준비하자.
- **무엇이 학생에게 최선인지를 먼저 생각하자:** 부모나 교사나 종종 '옳음'이라는 틀에 얽매이곤 한다. 그런 일로 힘겨루기를 하고 있다는 생각이 들면 스스로 반문할 필요가 있다. '나는 지금 무엇이 학생에게 최선인지 생산적으로 고려하고 있는가?'
- **호혜적인 기회를 찾아보자:** 학부모의 체면을 살려주면서 타협할 수 있는 접점을 찾을 수 있다면, 이것이 최적의 해결책이다.
- **학부모의 상황을 이해하자:** 학부모가 특수교육 프로그램을 직접 경험했을 수도 있다. 이런 학부모에게 자녀가 특수교육 대상이라거나 특수교육 대상인지 검사할 필요가 있다고 말하면, 어릴 적 기억을 떠올

릴 것이다. 지금의 특수교육이 학부모가 어렸을 때 경험한 것과 다르다는 것을 알려주려면 실제로 보여주는 것이 가장 좋다. 이른바 '정상적인' 아이들과 분리되는 것처럼 보이는 시스템에 대해 회의적인 만큼 자녀가 어떤 반에 배치될지 직접 보여줘야 한다.

가장 잘 맞는 갈등 관리 유형

수용형: 이런 학부모와는 반드시 친구가 되어야 할 필요가 있다. 이런 부모는 각각 정도는 달라도 자녀에게 한계가 있다는 점을 인식하고 슬퍼하며, 자녀에게 품었던 희망 일부를 수정해야 한다는 사실도 알고 있다. 만약 당신의 자녀가 신체적 장애를 갖고 있다면 비슷한 과정을 겪을 것이다. 자녀에게 무엇이 최선인지 확실히 알기 위해서는 옆에 앉아서 이야기를 들어줄 필요가 있다.

협력형: 앞서 말했듯이 이런 부모님 중 대다수는 낡은 특수교육 모델을 바탕으로 한 잘못된 편견을 갖고 있다. 그러므로 이들을 특수교육 과정에 참여시켜 지금의 특수교육이 어떠한지 직접 보여줌으로써 서로에 대한 신뢰와 협력을 바탕으로 한 유대관계를 형성한다.

피해야 할 갈등 관리 유형

회피형: 이런 학부모를 상대할 때 갈등을 피하는 것은 도움이 되지 않는다. 학부모가 자녀의 능력에 대해 심하게 왜곡된 견해를 갖

고 있다면 정면으로 다루어야 한다. 아무리 선의에서 비롯된 것일지라도 그들의 견해가 자녀나 다른 학생들을 위한 최선의 방법과 어울리지 않거나 학교의 가치관이나 임무에 부합하지 않는다면 직접 마주하고 갈등을 잘 해결하는 것밖에는 방법이 없다. 그러지 않을 경우 이들의 자녀뿐만 아니라 다른 학생들의 중요하고 소중한 학습 시간을 낭비하게 된다. 물론 갈등 해결 과정은 특수교육법 및 교육청 정책과 절차에 따라 신중하게 진행해야 할 것이다.

"학교가 재미없대요"라는 학부모

자녀가 일정 수준의 학업 기대치에 부응하지 못하고 있다는 말을 들을 때 학부모들이 가장 많이 하는 변명이다. 이런 잘못된 신념은 다양한 요인 때문에 생겨난다. 사실 아이들이 "재미없어요"라고 말하는 건 쉽게 예상할 수 있는 일이다. 자녀에게 "오늘 학교에서 뭐 했니?"라고 질문해본 적이 있는가? 아이가 뭐라고 답할까? "아무것도 안 했어요", "몰라요" 혹은 "별거 없었어요" 같은 대답이 나오지 않았는가?

부모들이 아이가 학교생활을 지루해한다고 말하는 것은 어떻게 보면 놀랄 일은 아니다. 기억에 남을 정도로 흥미로운 일이 없었는데 아이가 뭐라고 답하겠는가? 이런 유형의 부모들을 안심시키는 방법은 다음과 같다.

- **꾸준히 의사소통을 하자:** 가정통신문, 전화 또는 웹사이트 등을 통해 학부모와 꾸준히 의사소통하자. 나아가 부모들에게 "오늘 고래에 관한 글을 읽었다며? 자세히 말해줄 수 있니?"와 같이 좀 더 구체적으로 질문하도록 제안해보자. 그러면 자녀가 학교에서 무엇을 하고 있는지 더 잘 가늠할 수 있을 것이고, "학교에서 아무것도 한 게 없는데요"라는 자녀의 말을 있는 그대로 받아들이지 않을 것이다.

- **학생의 책임을 상기시키자:** 정보를 파악하고 필요한 정보를 기억하는 것은 다른 누구도 아닌 학생의 책임임을 학부모들이 이해하도록 한다. 학부모의 삶이나 직업과 관련지어 예시를 제공하는 것도 효과적이다. 만약 누군가 직장에서 맡은 역할을 생산적으로 수행하지 못한다면, 그 사람의 능력이 역할과 부합하지 않다는 뜻이다.

- **테크놀로지를 활용하자:** 테크놀로지를 활용하면 학업 능력이 나아질 수도 있다는 점을 고려하자. 예를 들어 아이들이 지루해하는 이유는 뇌가 일반적인 수업보다 시각적, 촉각적인 자극을 주는 다양한 매체에 익숙해져 있기 때문일 수도 있다. 가능하다면 교사들이 테크놀로지를 활용한 수업을 시도해보고 아이가 더 나은 결과를 내는지 살펴보는 것이 좋다. 만약 그렇다면 테크놀로지를 활용한 수업을 중심으로 하되, 전통적인 방식의 학습에도 익숙해지도록 서서히 유도한다.

- **학생의 강점과 약점을 알 수 있는 검사를 해보자:** 검사를 통해 실질적이고 편향되지 않은 접근을 위한 종합적 평가가 가능하며, 무엇이 어떻게 진행되고 있는지를 모든 관계자에게 알려줄 수 있다.

- **촉각 활용 수업을 하자:** 흔한 경우는 아니지만 실제로 수업이 지루한 경우 청각적, 시각적 학습 패러다임과 대비되는 촉각 전략을 사용하는 것을 고려해보자. 경험에 비추어보면 집중력이 낮은 아이들은 촉각 활용 학습에 능하고 시각적, 청각적 이해력은 부족한 경향이 있다. 안타깝게도 대부분의 교사는 시각적, 청각적 학습 패러다임에 훨씬 익숙해서 시각과 청각을 중심으로 이런 학생들을 가르치는 경향이 있다.

가장 잘 맞는 갈등 관리 유형

협력형: 이 부모들은 아이에게 자기가 원하는 교육 환경을 제공하기 위해 법적 해결책을 찾아보기도 한다. 이들이 이런 불확실한 길을 가기 전에 협력하려는 모습을 보이면 훨씬 나은 합의점을 찾을 수 있다. 그러나 함께 해결책을 찾아보는 시도에서 끝내서는 안 된다. 일이 잘 안 풀릴 경우를 대비해 법정 대리인과 증거가 될 기록물도 준비해둘 필요가 있다.

주의가 필요한 갈등 관리 유형

회피형: 학부모가 법적 해결 방안을 찾는다고 해서 분쟁을 회피해서는 안 된다. 번거롭게 법적으로 문제를 해결하는 것보다는 원만하게 마무리하는 것을 목표로 해야겠지만 근거 없는 협박으로 궁지

에 몰려서 교육관, 가치관 혹은 비전에 대해 타협해서는 안 된다.

피해야 할 갈등 관리 유형

회피형: 이 부모들과의 갈등을 피하고 싶겠지만 때로는 최악의 전략이 될 수도 있다. 갈등을 회피하게 되면 학생이 학업에 적성이 있음에도 불구하고 왜 결과를 내지 못하는지, 왜 학업을 거부하는지 원인을 알아낼 수 없기 때문이다.

법 전문가 학부모

이 부모들은 학교 내에서의 해결 시도가 잘 이루어지지 않고 다른 가능한 선택지가 없다고 느끼면 곧장 법적 해결을 추구한다. 처음부터 소송을 원했는지는 알 수 없으나 적어도 지금은 그런 단계에 이른 부모들이다.

가장 잘 맞는 갈등 관리 유형

협력형: 이 부모들은 자녀가 능력이 있다고 생각하는데도 결과가 좋지 못하기 때문에 큰 좌절을 느낀다. 그러므로 학생이 아는 것과 실제 수업 활동 결과 사이에 왜 커다란 차이가 있는지 알아내야 한

다. 자녀의 실제 능력이 부족해서 학교에서 요구하는 과업을 완성할수 없다거나, 집에서 받는 것과 같은 수준의 도움이 필요하다거나, 가능성은 낮지만 실제로 수업이 지루해서 그런지, 상호 동의할 수 있는 원인을 찾는다. 어떤 해결 방안을 선택하든 부모의 신뢰와 인내가 필요하므로 학부모의 신뢰를 얻고 협력을 끌어낼 수 있는 협력이 가장 좋은 접근법이다.

주의가 필요한 갈등 관리 유형

수용형: 당신이 아이에게 동기를 부여할 능력이 없다고 말하는 부모들과 친구가 되는 것은 상당히 어려운 일이다. 부모가 교사 개인의 교육 스타일이나 학교 환경을 문제 삼을 수도 있다. 아이의 의욕이 없는 것이 교사 개인의 문제가 아니라 하더라도 모든 것이 교사의 문제처럼 느껴질 것이다. 부모들이 비현실적인 태도에서 벗어나 자녀의 학업 태만이나 능력 부족에 대해 인식하도록 하는 것은 상당히 힘든 일이다.

피해야 할 갈등 관리 유형

수용형: 법 전문가 유형의 학부모들을 대할 때는 친구라는 느낌에 빠져서는 안 된다. 당신과 학부모는 모두 무엇이 교육적으로 최선의 결정인지 알아내고자 하는 목표를 가지고 있다. 하지만 부모들

은 자기 자녀에게 최선인 것을 추구하고, 당신은 좀 더 넓은 시각으로 상황을 본다는 점이 다르다. 따라서 양쪽 모두가 충실하게 임해야 하며, 친근하다고 해서 경계를 넘거나 혼동해서는 안 된다.

부모 역할을 제대로 하지 못하는 학부모

알코올이나 마약 중독 또는 정신 질환으로 인해 제 역할을 하지 못하는 학부모는 아이에게 있어 매우 심각하고 명백한 문제이다. 슬프지만 이런 부모들은 자신을 돌보는 것만으로도 벅차서 자녀에게 도움을 줄 수 없다.

가장 잘 맞는 갈등 관리 유형

안타깝지만 이런 학부모에게 대처할 방법은 한 가지밖에 없다. 아동 학대나 방치가 의심될 경우 지역의 가정 청소년 서비스 기관으로 연락하는 것이다. 사건을 교사가 조사하는 것은 적절하지 않다. 관련 기관의 수사를 복잡하게 만들 수 있기 때문이다. 세부적인 처리 과정을 잘 모르겠다면 사회복지사나 상담사에게 연락해보자. 관련 기관에 신고하는 과정을 안내해주고, 정신 질환 및 알코올이나 마약 중독의 징후와 증상에 대해서도 알려줄 것이다.

'언제 아동 보호 서비스에 연락해야 하지?'라는 의문이 생길 텐

데, 정답은 '아동 학대나 방치가 의심되기 시작하자마자 바로'이다. 해당 기관에서 하는 세부적인 질문에 당신이 일일이 답할 필요는 없다. 단지 아동 학대나 방치를 의심할 만한 합리적인 이유가 있다고 말하고, 즉시 신고하면 된다. 대부분의 지역에서 학대 신고는 교사의 법적 의무이고, 학대가 의심되는데도 신고하지 않으면 법적 처벌은 물론 교사 자격에도 타격이 간다. 가능한 한 빨리 아동보호기관에 연락해야 함을 명심하자.

지역마다 다르긴 하지만 기본적으로 아동보호기관 직원들은 아이와 학교에서 면담하는 것을 선호한다. 그래야 아이는 물론 관련된 모든 사람에게서 안전하며, 부모가 아이에게 어떻게 대답할지 미리 가르쳐두는 상황도 막을 수 있다.

두말할 필요도 없지만 이 아이들에게는 한층 부드럽고 애정 어린 보살핌이 필요하다. 학대가 의심된다면 부모에게 연락할 때 주의할 필요가 있다. 특히 부모에게 아동 학대 전과가 있다면, 학생의 행동 문제로 부모에게 연락할 때는 신중하게 생각해보는 것이 좋다.

항상 염두에 두어야 할 것

'잘 모르는 사람이 당신을 가장 많이 평가하는 법이다.' – 익명

우리는 많은 가족을 대하지만, 정작 그들이 처한 상황에 대해서

는 잘 모르는 경우가 많다. 수도세나 전기세를 낼 돈조차 없거나 끼니를 때우기 어려운 경우도 있고, 자녀나 배우자 혹은 자신의 감정 문제나 질병으로 힘들어하기도 한다. 어떤 부모는 당신이 받은 것과 같은 지원을 한 번도 받아보지 못했거나, 당신이 받은 교육을 시도해볼 기회조차 없었던 사람일 수도 있다.

학부모들이 처한 어려운 상황 중의 일부는 그들 자신의 선택과 행동 때문일 수도 있다. 다만 아이는 자신이 처한 상황을 통제할 수 없으며, 당신이 먼저 부모에게 다가가 아이를 교육하도록 해야 한다는 점은 명심해야 한다. 당신의 판단이나 평가가 부모와의 의사소통에서 장벽이 되거나 걸림돌이 될 수 있다는 것도 기억해야 한다. 가정에서 무슨 일이 벌어지고 있는지, 부모가 어떤 일을 겪고 있는지 당신은 알지 못하며, 알기도 어렵고 이해할 수도 없을 것이다. 마찬가지로 가족들도 당신의 개인적인 어려움이나 교실 안에서 일어나는 어려움에 대해 이해하기가 어렵다.

앞서 언급한 까다로운 학부모 유형은 우리가 접하는 학부모들 중 아주 일부에 불과하다. 이들 중 다수는 좌절한 상태이고, 감정적, 신체적, 재정적 문제에 빠져 있다. 이들은 자신이 살아남기 위해 당신을 포함한 주변 사람을 끌어들이려 할 것이다.

이런 학부모들과 교류할 때에는 항상 우선순위를 생각해야 한다. 당신의 무기와 에너지는 제한되어 있으므로 학부모들의 모든 염려에 대처하기는 어렵다. 따라서 이 문제가 전력을 다해야 할 문제인지 스스로 결정해야 한다. 지금까지 언급한 유형의 학부모들을 상대해야 한다면 자녀가 할 수 없는 부분이나 한계점에 대해 말하기보다는 생산적인 아이디어를 제공하는 것이 좋다. 학교와 학부모는 기본적으로 '자녀를 위해 옳은 것을 한다'는 궁극적인 목표를 공유하고 있음을 기억하자.

참고 문헌

* @vflahert. "Asking for Help." Leading With Intention. N.P. Web. 16 May. 2016

7장

....

학부모 설득하기

| 학부모의 참여를 높이는 법 |

교육을 논하려면 블룸^{Bloom}의 이론보다 먼저 매슬로우^{Maslow}의 이론부터 살펴봐야 한다.

- 앨런 벡(Alan E. Beck) *

'매번 같은 사람들만 오잖아!' 학교에서 양육법 개선이나 교육 프로그램을 시행할 때면 이런 문제가 매년 제기된다. 양육의 '롤모델'이 될 만한 학부모들만 참여하는 것이다. 이런 부모들은 자녀 양육에 매우 능숙해서 때로는 교사들이 가르친다기보다는 오히려 학부모에게 배운다고 느끼게 한다.

어떻게 하면 학부모들의 학교 양육 프로그램 참석률을 높일 수 있을까? 나아가 어떻게 하면 '위험에 처한' 학부모들을 참여시킬 수 있을까? 여러 학교의 상담교사나 사회복지사와 함께 일하면서, 우리는 새로운 학부모들이 학교 행사에 계속해서 참여하도록 할 수 있는 몇 가지 유용한 전략을 알게 되었다.

첫째, 까다롭고 '위험에 처한' 학부모들의 삶에 대해서 이해하자. 대학 때 배운 기초 심리학 강좌와 매슬로우의 욕구 위계 이론을 떠올려보자(170쪽 그림 참고). 인간은 기본적으로 삶의 가장 기본적인 욕구, 즉 음식과 주거, 수면 등의 생리적 욕구가 먼저 충족되어야 한다. 부모가 신체적, 정서적으로 건강하지 못하거나 매 끼니를 걱정해야 하거나 수도세나 전기세 등 생계를 위한 세금을 감당할 수 없는데 어떻게 자신과 자녀의 다양한 요구를 충족시킬 수 있겠는가?

둘째, 쉼터를 마련하자. 벌레가 들끓고, 여기저기 파손된 집에 살면서 세금도 제대로 내지 못해 수도나 난방, 전기가 자주 끊기는 상황에서 어떻게 회의에 참여하겠는가? 교사가 접하는 '위기에 처한' 학부모 중 대다수는 이러한 가정환경에 처해 있을 가능성이 크다. 근무하는 학교가 부유한 학군에 있다고 해서 이런 일이 없을 거라 생각한다면 큰 착각이다. 세금 미납이나 각종 청구서, 만성 질환, 약물 남용, 실직 등의 이유로 많은 가정이 벼랑 끝에 내몰려 있다. 섣부르게 판단하기 전에 이런 상황을 파악하고, 그것들이 어떤 영향을 미치는지 인식하는 것이 중요하다. 학부모가 학교에 협조하기를 거부하는 것은 생존의 문제를 해결하지 못해서일 수도 있고, 우선순위

자아실현의
욕구
창의성
문제 해결
진정성, 자발성

존중의 욕구
자존감, 자신감
성취감

사회적 욕구
우정, 가족

안전과 안정(security) 욕구

생리적 욕구 (생존)
공기, 주거, 물, 음식, 수면, 섹스

매슬로우의 욕구 위계 이론

를 결정하기 어려워서일 수도 있다.

어떻게 학부모의 참여를 높일 수 있을까?

학부모가 사는 곳으로 가자

위험에 처한 학생들이 주로 어디에 거주하는지 파악하고, 직접 찾아가서 프로그램을 개최하라. 양육 기술의 향상이 지역사회에 얼마나 보탬이 되는지 직접 보여줌으로써 아파트나 빌라, 동호회, 지역 센터로부터 무료로 장소를 빌릴 수도 있다. 양육 기술이 뛰어난 부모와 지내면 아이들이 폭력적, 파괴적인 행동을 할 가능성도 줄어든다. 스티븐 코비$^{Stephen\ Covey}$의 『성공한 사람들의 7가지 습관$^{Seven\ Habits}$ $^{of\ Highly\ Effective\ People}$』에 나온 유명한 문구를 빌리자면, "모든 사람과 윈윈하는" 법을 부모들에게도 널리 알려야 한다.[1]

자녀와 학부모를 함께 참여시키자

아이들이 참여하면 보통 부모도 함께하려고 한다. 그러므로 아이들의 흥미를 끌 만한 활동 프로그램과 학부모 프로그램을 같은 시간대에 진행하는 것이 좋다. 아이들에게 활동이나 교육을 제공하면 학부모도 프로그램에 참여하자는 마음이 들 것이다. 추가로 아이들과 함께할 수 있는 저녁 콘서트나 연극을 연다든지 행사 전에 학부모 프로그램을 배치하면 '일석이조'라는 생각에 양쪽 모두 참여할 가능성이 커진다.

이론적인 주제보다는 실용적인 주제를 선택하자

먹고살기도 힘든 학부모들은 당장 활용할 수 있는 것에 더 큰 흥미를 느낀다. 그러므로 실용적이고 간단한 주제를 중심으로 학부모 교육과정을 구성해야 한다. 또한 주제를 세분하여 한 번에 다룰 수 있는 분량으로 나누는 것이 좋다. 예를 들자면 '가족 간의 의사소통'과 같이 너무 막연한 주제는 그다지 큰 흥미를 불러일으키지 못하므로 '분노 조절 방법', '자녀가 경청하게 하는 방법'과 같이 세분화된 주제가 좋다.

때로는 '이게 교육적인 걸까?'라는 의문이 들지도 모른다. 이런 주제보다는 새로운 교육과정의 중점 사항이라든가 표준화 시험의 변화에 준비하는 법 등의 정보가 유의미하다고 생각할 수도 있다. 이런 주제도 필요하지만 먼저 부모들이 쉽게 관심을 가질 만한 주제를 찾아야 한다. 매번 떼쓰는 아이 때문에 아무것도 할 수 없는 학부모가 표준화 시험이나 교육과정의 변화에 관심을 두기는 어렵다. 학부모의 삶에 바로 적용할 수 있는 주제를 먼저 소개하여 그들을 참여시키자. 그런 다음에 주요한 교육적 관심사들을 소개한다면 전반적으로 나은 반응을 끌어낼 수 있다.

교사들을 참여시키자

부모님과 함께 행사에 참여한 학생들의 숙제를 면제해주도록 교사들에게 요청하자. 또한 학교 내에서 학생들에게 가장 친숙하고 안정감을 주는 인물인 교사들이 프로그램에 직접 참여해서 학생들을 격려하게 하자. 교사들에게도 학생들이 처한 다양한 환경과 경제적 상황에 대해 통찰할 기회가 된다.

프로그램은 짧게 진행하자

프로그램의 실제 진행 시간은 한 시간을 넘지 않아야 한다. 시간보다는 프로그램의 질에 중점을 두되, 질의응답 시간은 꼭 마련하도록 한다.

홍보 수단을 늘리자

아이 손에 가정통신을 들려 보내면 학부모들이 잘 보지 않으므로, 프로그램을 알리기 위해서는 좀 더 노력해야 한다. 학부모들이 주로 전단을 보는 장소, 예컨대 커뮤니티 센터라든지 도서관, 마트 등에 홍보 전단을 게시할 방법을 알아보자. 가장 좋은 방법은 참여하기를 원하는 학부모에게 개별적으로 전화를 하는 것이지만, 당연히 시간이 훨씬 많이 걸린다. 그래도 참석자가 거의 없는데 억지로 프로그램을 진행하느라 시간을 낭비하는 것보다는 낫다. 참석한 학부모들이 다른 학부모들에게 홍보하도록 독려하는 것도 잊지 말자.

경품을 제공하자

먼저 경품 제공과 관련된 지역 교육청의 정책을 확인한다. 경품 제공이 가능한 경우, 학부모나 아이들에게 제공할 경품이나 사은품을 마련하자. 경품 마련에는 학부모회의 도움을 받거나 지역 사업체로부터 기부를 받을 수도 있다.

회신을 강요하지 말자

어떤 경우든 정확히 몇 명의 학부모가 참여할지는 알 수 없다. 더욱이 '위기에 처한' 학부모가 직접 전화해서 참석 여부를 회신하리라고는 기대하기 어렵다. 정신없이 바쁜 일정과 당장 살펴야 할 일 때문에 회신은커녕 전화조차 받기 어려울 것이다.

참석 여부를 알리는 회신을 요청하지 않으면 참여 학부모가 또 다른 학부모를 비공식적으로 초대할 기회도 생긴다. 첫 번째 워크숍이라 구체적인 참석 인원을 파악하지 못할까 염려된다면 목표를 높게 설정한 후 조정하자.

감사 전화를 하자

방명록을 비치하고 참석한 학부모들에게 감사 전화를 하자. 방명록이 있으면 학부모들에게 다음 프로그램 안내 전화를 할 때도 편리하다. '자기 자신을 위한 프로그램에 참가한 것인데 왜 교사가 감사해야 하는가?'라는 의문이 들 수도 있겠지만, 학부모도 당신과 마찬가지로 바쁜 일정을 쪼개서 시간을 냈다는 점을 명심하자. 더욱이 감사 인사를 하면 학부모의 지지가 두터워진다. 학생 교육이라는 궁극적 목적에 있어서 학부모의 지지는 큰 보탬이 된다.

'위기에 처한' 학부모의 참여를 높이는 법

재미있는 프로그램을 만들자

부모와 자녀가 함께할 수 있는 활동을 생각해보고, 양쪽 모두의 기억에 남을 만한 프로그램이 되도록 한다. '위기에 처한' 학부모는 먹고사는 것만으로도 힘든 상황이다. 이들은 스트레스와 불안 때문에 가족과 함께 저녁 식사를 하거나 추억이 될 만한 활동을 하는데 많은 시간을 할애할 여력이 없다. 재미있는 양육 프로그램을 통해서 이런 욕구를 부분적으로나마 채워줄 수 있다. 또한 학부모가 해일처럼 밀려오는 스트레스의 파도에서 잠시 벗어나 휴식을 취하게 해줄 수 있다.

음식을 제공하자

음식을 제공하면 참석률이 높아진다. 학교 측에서 음식을 준비하면 부모는 한 끼를 덜 준비해도 된다. 식비를 충당하기도 어려운 가정에게는 특히 매력적이다. 그래서 기초수급자용 식료품 쿠폰이 소진되는 월말에는 참석률이 더욱 높아지는 경향이 있다. 학부모회나 육성회가 학교 소식지나 팜플렛에 무료 광고를 내주는 조건으로 지역 식당으로부터 식사나 간식을 기부 받는 것도 방법이다.

필수품을 제공하자

'위기에 처한' 학부모들은 대부분 실업, 질병, 학대 등 어려운 문제를 안고 있다. 가능하면 프로그램을 진행하는 날 지역의 사회복지 담당자를 초청해 학부모들의 궁금증을 해소해주고, 적절한 자료를 배포하도록 한다.

자원 박람회처럼 여러 가지를 한곳에서 모두 제공하는 '원스톱_{one-stop}' 가게를 양육 프로그램에서 준비한다면, 학부모들에게 필요로 하는 물품을 쉽게 제공할 수 있다. 학부모들이 직접 구하기 힘든 물품을 제공함으로써 그들의 핵심적인 요구를 충족시키고, 이를 통해 학부모가 자녀 교육에 관계된 중요한 팀원으로서 교육에 집중하게 할 수 있다. 그들에게 결핍된 가장 기본적인 욕구의 충족에도 도움이 될 것이다.

재원을 마련하자[*]

양육 프로그램에 필요한 재원을 마련하기 위해 개인 기부자를 모집할 수 있다. 근무하는 학구에 비영리사업을 위한 보조금 유치 담당자가 있다면 도움을 받을 수도 있다. 그렇지 않은 경우 지역사회 보조금을 지원하는 기관 및 단체를 찾아보자. 때로는 사용되지

---

[*] 기부자 모집과 관련해서는 미국과 한국의 상황이 매우 다르다. 기부금품법을 비롯한 관련 법규를 검토하여 기부금 모금이 가능한지 미리 확인해야 한다.

않고 묻혀 있던 자원을 재활용하는 것만으로도 금전적 문제를 해결할 수 있다.

학부모를 좌절시키는 말은 하지 말자

부모 교육 프로그램이 긍정적이어야 한다는 것은 새삼 말할 필요도 없다. 프로그램의 목적은 학부모들의 양육 기술을 비판하거나 판단하거나 감시하려는 것이 아니라 그들의 양육 기술을 한층 풍성하게 해주는 것이다. 이 점을 명확히 해두자. 대다수의 학부모는 학교나 아동 보호 서비스, 기타 양육 기관에서 나쁜 경험을 한 적이 있다. 비판으로 학부모들의 관심을 꺼트리지 말자. 대개의 경우 학부모들은 자신이 할 수 있는 최선을 다하고 있다.

사실 일부 학부모는 완전히 지쳐서 관심이 없는 것처럼 보일 수 있다. 흥미를 잃어버린 학생들을 위해 노력하는 것처럼, 학부모를 대할 때도 '사그라진 불을 지피기 위해' 노력해야 한다. 학부모에게 불을 지피면 학생에게 불을 지피는 심지가 된다.

사회복지 기관의 양육 프로그램을 소개하자

가족 문제에 관한 유능한 개인 상담사나 사회복지 기관을 알고 있다면 그들이 운영하는 프로그램에 참여하도록 권해보자. 양육 프로그램은 개별 학교에서만 할 수 있는 것이 아니다. 서로 다른 학교에 다니는 자녀를 둔 학부모들에게 함께 제공할 수도 있고, 지역사회 전체에 개방할 수도 있다. 이런 프로그램이 특히 필요하다고 생각되는 가족들에 대해서는 학교생활부장이나 상담교사가 직접 연락하도록 해야 한다.

이 외에 유용한 전략

- **홍보에 노력을 들이자:** 새로운 프로그램을 시작할 때는 팸플릿을 제작해 배포하거나 소셜 미디어 또는 웹사이트에 안내글을 게시하여 프로그램을 홍보한다. 학교 인근의 상점과 지역 센터에 포스터도 붙인다. 당신이 참여를 이끌고 싶은 학부모가 관심을 가질 만한 다른 행사나 모임에 직접 참석해 아이디어를 얻자. 발로 뛰는 노력도 필요하다.

- **전화를 많이 하자:** 언제나 개별적으로 연락해 초대하는 것이 가장 효과가 좋다.

- **지인과 함께 오기를 권하자:** 친구나 이웃을 함께 데려올 수 있다는 점을 분명히 하자. 교통편이나 통역사 혹은 다른 지원이 필요한 학부모가 있을 수도 있다.

- **아이 돌봄 서비스를 제공하자:** 저녁에 프로그램을 진행할 땐 아이 돌봄 서비스나 아이들을 위한 별도의 프로그램을 제공하자. 이런 프로그램을 진행할 때에는 지역사회와도 연대할 수 있다. 로터리 클럽이나 얼리액트 클럽^{EarlyAct clubs}은 이런 프로그램을 제공하기에 적임이다.

- **가정마다 사정이 있음을 기억하자:** 한부모 가정 혹은 살림이 빠듯한 가정도 있다는 점을 고려하자.

- **자녀 문제 해결의 중심은 부모임을 명심하자:** 아동이 지나치게 공격적이거나 수동적인 행동을 하지 않도록 지원하는 방법, 갈등을 생산적으로 해결하는 방법에 대한 개념을 논의할 때는 다음을 명심하자. 좋은 갈등 해결 기술 모델을 부모에게 제공하여 자연스럽게 부모가 직접 놀림, 위협, 괴롭힘의 개념을 다룰 수 있게 한다.

- **전문가를 초청하자:** 지역사회의 전문가들은 대개 당신이 선택한 주제에 대하여 논의하는 것을 좋아한다. 이런 이들을 초대하는 것은 윈윈전략이다. 그들의 전문 지식으로 프로그램의 질이 향상되고, 그들 또한 잠재적인 고객을 만날 수 있다.

- **학부모의 요구를 반영하자:** 기존에 있던 프로그램으로 시작하되 새로운 내용에 대한 요구를 파악하자. 초기에는 기존 양육 프로그램 교육과정을 활용하여 프로그램을 운영한다. 그리고 학부모, 교사, 관리자를 대상으로 한 설문조사 등을 실시하여 관심 주제를 파악하고 이를 프로그램에 반영한다.

- **학부모끼리 교류할 시간을 주자:** 양육은 꽤 힘든 일이다. 때로는 다른 부모들도 같은 어려움을 겪는다는 이야기를 듣는 것만으로도 도움이 된다. 그러니 학부모끼리 비공식적으로 토론할 수 있는 시간도 꼭 마련하도록 한다. 자신의 고민을 털어놓고 감정을 나눌 수 있을 뿐만 아니라, 다른 사람들로부터 효과적인 전략을 배울 수도 있다. 학부모 간의 대화를 주의 깊게 듣다 보면 다음 프로그램의 주제에 대한 몇

가지 아이디어도 얻을 수 있다.

사소한 잘못을 예방하는 법

지금부터 언급할 몇몇 개입법과 기술은 사소하게 보일 수도 있다. 그런데 실제로 까다로운 대화를 나누다 보면 사소하고 하찮은 것들이 큰 문제가 된다. 배우자나 아주 가까운 사람과의 친밀한 관계에 대해 생각해보자. 사소한 일을 했니 안 했니 하는 문제가 여러 번 반복되다 보면, 그것이 아주 큰 문제를 낳는다.

'나(I)' 메시지를 활용하자

'네가 뭘 잘못했는지 말해줄게'처럼 '너(you)'라는 말을 쓰면 상대방은 반사적으로 방어적인 태도를 취한다. 상대방을 지적하는 말을 할 때 방어적이고 감정적인 반응이 나오는 이유이다. '너'라는 말 대신 '나'라는 말을 사용하여 상황을 표현하면 상대방은 덜 공격적으로 받아들인다. 따라서 당신의 의견을 학부모에게 말할 때에는 '저는 ~라고 생각합니다', '저는 ~하게 느낍니다' 같은 표현을 사용하여 덜 위협적으로 느끼게 하자.

감정의 거울

까다로운 대화에서는 당신이 감정을 많이 투여할수록 상대방도 똑같은 감정으로 되받아칠 가능성이 크다. 분노는 분노를 유발한다. 마찬가지로 격한 신체적 언어는 똑같은 반응을 불러일으킬 것이다. 감정이나 분노를 조절할 수 없다면 가급적 대화가 가능할 때까지 기다려라. 그러지 않으면 격렬하고 비생산적인 갈등에 직면하게 된다. 마찬가지로 학부모가 감정적으로 나온다면 감정은 논리적이지 않다는 점을 기억하자. 감정을 논리로서 정당화하려고 해서는 안 된다는 뜻이다.

팔짱을 끼거나, 한동안 눈길을 돌리거나, 시계를 보거나, 신경질적으로 뭔가를 두드리거나, 하품을 하는 등의 신체적 언어를 피하자. 이런 행동은 말 이상으로 학부모의 기분을 상하게 하거나 주저하게 만들 수 있다.

학부모의 이름을 부르자

학부모를 부를 때는 가급적 이름으로 부르자. 학생들은 이름을 불러주지 않으면 자신이 이름 없는 다수 중 하나에 불과하다는 느낌을 받는다. 학부모도 마찬가지이다. 아주 단순한 방법이지만 학부모들과 갈등을 겪을 때 이름을 불러주는 것만으로도 좀 더 긍정적으로 교류할 수 있게 되기도 한다. 당면한 문제를 처리하기 위해 서두르다 보면 종종 잊어버리는 부분이지만 아주 당연하고 기본적인 예의이다.

잘 들어주는 것이 중요하다

의외로 찾아보기 힘든 것이 상대방의 말을 잘 듣는 사람이다. 한참을 말했는데 나중에 가서 상대가 "뭐라고 했죠?"라던 경험이 얼마나 많은가. 이럴 때는 누구나 큰 좌절감을 느낀다. 그러므로 학부모들과 만날 때 가급적 그들에게 많이 말하도록 하고, 당신은 잘 듣는 것이 좋다.

꼭 필요한 사람들에게 당신의 시간을 할애하라. 전화나 컴퓨터와 같은 방해 요소는 피하도록 한다. 물건을 만지작거리지 말고 가능한 온전히 상대방에 집중하도록 노력하자. 대화의 양보다는 질을 높이기 위해 노력해야 한다. 학부모의 말을 잘 경청하고 협력함으로써 더 나은 해결책에 더 빨리 도달할 수 있다. 이를 위한 가장 좋은 전략 중의 하나가 바로 반응적 경청reflective listening이다. 반응적 경청을 할 때 명심해야 할 요소는 다음과 같다.

- **무슨 말을 하는지 경청하자:** 대화가 자연스럽게 중단될 때까지 말을 끊지 말고 기다렸다가 말을 시작한다.
- **상대방의 말에 반응하자:** 상대방이 말할 때 내용을 이해하고 있음을 보여준다. 고개를 끄덕이며 "그렇군요"라거나 "네, 맞아요"같이 맞장구친다.
- **궁금한 점이 있으면 물어보자:** 질문은 서로의 이해를 보다 명료하게 한다. 단, 관점을 명료화하고 이해하기 위한 질문이어야 한다. 질문을

가장한 비꼬는 논평이어서는 안 된다. '그래서 학부모님이 저에게 말하고자 하는 바는 …인가요?'나 '그래서 문제는 …라고 생각하시는 거죠?', 혹은 '제가 이 부분이 이해가 잘 안되는데 …라고 하신 거죠?' 같은 질문을 한다. 이러한 말을 통해 당신이 현 상황을 진심으로 이해하고 싶어 한다는 것을 나타낼 수 있다.

- **학부모의 말을 다시 한번 정리해주자:** 당신이 이해한 내용을 정리해 말함으로써 잘못 이해한 부분이 있다면 학부모가 바로잡을 수 있는 시간을 준다. 만약 잘못 이해했다면 "아니요. 제가 말하려는 바는 …입니다"라고 다시 이야기를 해줄 것이다. 서로의 관점을 이해하고 명료화하는 것이 목적이다.

- **진정성 있는 관심을 보이자:** 위대한 지도자의 특징은 말하는 상대방이 마치 자신이 세상에서 유일하고 가장 흥미로운 사람인 것처럼 느끼도록 들어주는 능력이다. 학부모가 말하는 것에 정말 집중하고 있음을 보여주도록 노력한다.

- **현재에 온전히 임하고 집중하자:** 다음에 뭐라고 반응할지 생각하다 보면 상대방의 이야기에 귀 기울이지 못한다. 잠시 생각을 멈추고 상대방에게 방해받지 않고 이야기할 시간을 주어라.

부정적 대화를 끊는 법

부정적 대화는 교사와 학부모, 학부모와 학부모 또는 학생과 학부모 사이에서 오가는 말이나 행동에 대한 서로의 견해 차이에서 기인한다. 부정적 대화가 오간다는 것은 상황이 심각해졌음을 의미하며, 격화된 감정이나 의사소통 오류 때문에 서로 전달하고자 하는 메시지가 모호해진다. 귀를 막고 '몸으로 말해요' 게임을 하는 것처럼 말이다. 부정적 대화는 시간이 지남에 따라 차곡차곡 쌓이기 때문에 학부모의 감정이 쌓여서 분노가 폭발하기 직전이 돼서야 알아챌 수도 있다.

상황이 어디서부터 잘못되기 시작했고, 언제부터 심각해졌는지를 아는 것이 중요하다. 즉, 문제의 구체적인 사항을 조사하기 전에 해당 문제의 발생 내력을 확인해야 한다는 뜻이다. 이 과정에서 잘못된 생각, 잘못된 인용을 바로잡고, 지금까지 문제를 다뤄온 방식에 대한 인식을 일신해야 한다는 의미이기도 하다.

'옳음^{right}'이 항상 문제를 해결해주지는 않는다는 점을 기억하자. 당신이 '옳음'을 증명해봤자 당신이 그들보다 우위에 있음을 과시하는 것밖에 되지 않으며, 학부모들은 나쁜 감정만 품고 떠난다. 따라서 서로 수용할 수 있는 해결책을 찾아 모든 당사자들이 이를 존중할 수 있게 해야 한다.

무엇보다 중요한 것은 문제가 지금처럼 심각해진 과정을 잘 아는 것이다. 문제의 내력을 살피는 것은 문제 상황에 대해 학부모들이 알고 있는 사실이나 신념이 잘못되었음을 입증하기 위함이 아니다. 오히려 그들의 말에 귀 기울임으로써 변화의 기회를 포착하기 위한 것이다.

자신을 돌보자

당신이 육체적으로 100% 건강한 상태가 아니라면 어려운 교육 문제를 다루는 데에도 능력을 100% 발휘할 수 없음은 너무도 당연하다. 또한 자신을 제대로 돌보지 못하면 스트레스와 갈등이 증가하고 불화에 대한 내성도 덩달아 감소한다. 아래 제시한 내용 중 일부는 상식처럼 보이긴 해도 한 번쯤 언급할 가치가 있다.

- 잘 먹고 잘 자야 한다.
- 음주와 약물은 피한다.
- 의사가 권고한 범위 내에서 꼭 운동을 한다.
- 자신의 한계가 어디까지인지 알아야 한다. 싫다고 말해야 할 필요가 있을 때는 싫다고 말한다. 그렇지 않으면 능력을 100% 다 발휘할 수 없다.
- 일에서 벗어나 휴식하는 시간을 가진다. 당신이 일정을 정하지 않으면 일정에 휘둘리게 된다. 일하는 시간의 한계를 설정한다. 오래 일하는 것과 효율적으로 일하는 것을 동일시해서는 안 된다.
- 학교 밖에서 하는 취미를 만든다.
- 가족과 친구들과 함께 보내는 시간을 미리 정해둔다. 그렇지 않으면 이것이 당신이 해야 할 일의 목록에서 먼저 밀려난다.

참고 문헌

* "Developmental Psychology." Wikipdedia Foundation, n.d. Web 19 May 2016.

1) Covey, Stephen R. *The Seven Habits of Highly Effective People.* Place of Publication Not Identified.

8장

학교 속 코끼리[*]
| 학교 공동체 구성원과의 갈등 관리 기술 |

방에 있는 코끼리를 무시하고 개미에 대해서만 논할 수는 없다.

- 엘런 위트링거(Ellen Wittlinger)[*]

교직원과의 갈등 관리 기술 향상시키기

학부모와의 갈등에서 활용하는 관리 기술은 친구, 교직원, 직장

---

[*] 영어에서 '방에 있는 코끼리(the elephant in the room)'라는 표현은 중요하고 명백함에도 불구하고 사람들이 이야기하기 꺼리는 문제나 이슈 혹은 진실을 일컫는 은유적 관용구이다. 저자는 이 표현을 빌려 학교에 존재하지만 잘 이야기되지 않는 여러 교직원의 유형을 은유적으로 표현하였다.

동료들에게도 확장하여 유용하게 사용할 수 있다. 8장에서는 앞에서 당신이 학부모들을 대하면서 터득한 갈등 관리 능력을 활용하여 동료들과의 갈등을 성공적으로 다루는 방법에 초점을 두고자 한다.

다시 말하지만 우리는 저마다의 관계 방식을 가지고 있고, 그에 따라 살아간다. 집에서나 직장에서나 우리는 주변 세계와 교류하는 데 있어 나름의 강점과 편하게 사용하는 전략이 있다. 특정 유형에 대해 지나치게 부정적 또는 긍정적으로 생각할 필요는 없다. 그저 각자의 방식에 맞게 주변 세계와 관계를 맺으면 된다. 남들의 방식을 '사람을 조종하려고 한다'는 등 부정적인 것으로 치부해서는 안 된다. 성격 유형과 마찬가지로 관계 맺는 방식 또한 저마다 강점과 약점을 동시에 가지고 있는 개인의 일부로 바라보아야 한다.

누구나 까다로운 교직원을 만난 적이 있을 것이다. 지금부터 언급할 까다로운 교직원의 유형을 살펴보다 보면 특정한 이름이나 얼굴이 떠오를 것이다. 교직원들과의 힘든 대화에 직면했을 때, 각각의 성격 유형마다 그에 맞는 도구와 개입법이 필요하다. 여러 유형에 맞는 다양한 전문 도구를 구비할 필요가 있다는 말이다. 까다로운 유형의 교직원들과도 편하게 일할 수 있을 정도의 유연성을 가지는 것은 학교에서 살아가는 데 필수적이다.

모든 것을 아는 교직원

이 유형은 이미 모든 것을 알고 있다. 이들은 당신이 무엇을 하든 뒷북 취급할 것이다. 무언가 말하려 하면 이미 알고 있다고 할 것이고, 무언가를 가르치려 하면 이미 배웠거나 경험한 적이 있다고 할 것이다. 이 유형은 교사라는 입장에도 불구하고 배우기를 거부하는 것처럼 보여서 관리자에게 좌절감을 주기 쉽다. 다음은 이런 유형의 교사들을 대할 때 시도해볼 만한 몇 가지 개입법이다.

- **불안감이 문제의 핵심임을 인지하자:** 이 유형의 교사들은 종종 모르는 것을 인정하는 것이 완전히 무능한 것과 동일하다고 생각한다. 따라서 그들의 능력에 대한 확신을 심어주는 동시에 구체적으로 행동에 옮길 수 있는 제안을 균형적으로 제공한다.
- **변화를 위한 씨앗을 심자:** "저도 알아요. 이미 해봤어요"라고 즉각적으로 반응하는 것이 이 유형의 가장 큰 특징임을 기억하자. 그들이 이렇게 말하고, 충고를 받아들이지 않는 것처럼 보인다 해서 제안을 수용하지 않을 것이라는 뜻은 아니다. 변화를 위한 씨앗을 심고 참을성을 가지고 당신의 제안을 실천하는지 지켜보자.
- **학교 내 전문성 연수를 활용하자:** 교직원들이 배우기를 원하는 분야에 강점을 지닌 다른 교직원을 관찰하게 해준다. 가능하면 자신의 특기 분야를 다른 동료에게 가르칠 기회를 부여하면 좋다. 연수 후에는 서로에게서 무엇을 배웠는지 물어보자. 이 질문의 목표는 무언가를

배웠음을 인정하게 만드는 것이 아니라 그들이 이미 알고 있는 것을 실행하도록 하는 것이다.

수동적 공격성을 지닌(passive-aggressive) 교직원

이 유형은 가장 까다롭고 교활하다. 이들은 겉으로는 해가 되지 않으며 소극적으로 보이기까지 한다. 그러나 보이지 않는 곳에서 엄청난 문제를 만들어내면서 겉으로는 결백한 것처럼 행동한다. 당신이 문제를 다루고자 할 때 이들은 사실을 숨기고 일을 지연시키며 당신이 과민반응한다는 식으로 대할 것이다. 이런 전략은 모두 자신의 분노를 간접적인 의사소통 방식으로 포장하여 감추기 위한 시도이다.

• **단도직입적으로 의사소통하자:** 이들은 자신이 화나지 않았고, 행동에도 고의성이 없었다고 주장할 것이다. 이러한 패턴을 보이는 교사의 말이나 행동을 액면 그대로 받아들이지 말고 단도직입적으로 의사소통하는 것이 중요하다.
• **한계를 설정하자:** 이 유형의 사람들은 제약과 한계를 이해하려고 하지 않는 경향이 있다. 그러므로 처음부터 할 수 있는 것과 해서는 안 되는 것의 기준을 명료하게 설정해야 한다.
• **행동수칙을 구체화하자:** 이 유형의 교직원들에게는 학교의 과업에 대

해 구체적으로 설명해야 한다. 당신이 기대하는 바가 무엇이고, 이에 따르지 않았을 때 감당해야 할 결과를 정확하게 알려줄 필요가 있다.

- **늘 조심하자:** 타당한 근거 없이 과한 칭찬으로 아부를 하는 사람이 있다면 뒤에서는 정반대의 말을 하고 다닐 수 있다는 것을 항상 주의해야 한다.

소문을 퍼뜨리는 교직원

이 유형의 교직원은 전국 모든 학교에서 찾아볼 수 있다. 이들은 교무실에서 몰래 대화를 엿듣고, 가장 최근의 소문을 여기저기 탐문하고 다니며, 소셜 미디어에 비방글을 게시한다. 학교에서 벌어진 최신 스캔들^{scandle}을 대중들에게 가장 먼저 전달한다. 마치 성실한 정원사처럼 소문과 빈정거림이라는 씨앗을 이곳저곳에 은밀하게 뿌리고 다닌다.

- **개방적인 태도를 취하자(Be open book):** 교직원들에게 정직하고, 개방적인 방식으로 자신이 할 수 있는 것만 말하는 태도를 유지하면 소문을 퍼뜨리는 사람의 의지와 열기를 꺾을 수 있다.
- **직접 묻게 하자:** 의문이나 불명확한 부분이 있으면 동료가 아니라 당신을 직접 찾아오도록 한다.

- **정확하고 적절한 정보를 제공하자:** 이들에게 정확한 정보를 주어 사실만 퍼뜨릴 수 있도록 한다. 뒷소문의 여지가 있는 부분을 논의하거나 언급하지 않도록 주의하자. 자칫 소문을 퍼뜨리는 사람들의 말에 신빙성만 더해줄 수도 있다.
- **소문을 퍼뜨리는 사람을 역이용하자:** 소문을 퍼뜨리는 사람에게 좋은 소식을 흘리면 좋은 소식 또한 나쁜 소식과 마찬가지로 빠르게 주변에 퍼질 수 있다. 그러면 긍정적인 지도자로서의 신뢰를 쌓는 데 도움이 된다.

삶이 망가진 교직원

교육과 삶은 많은 스트레스를 준다. 특히 이 두 가지가 상충되고, 그 상황에 대처할 수단이 없으면 술이나 마약에 의지할 수도 있다. 이것은 관련된 모든 사람들에게 책임과 위험을 야기한다.

- **즉시 처리하자:** 어떤 이들은 조금씩, 지속적으로 모니터링해야 한다고 생각하지만 그러다 보면 비극적인 일이 벌어질 가능성만 커진다. 이러한 문제가 업무 수행까지 영향을 미친다면 간단한 구두 경고로만 그치기에는 이미 너무 늦은 것이다.
- **꾸물거리지 말자:** 다시 한번 말하지만 이것은 기다릴 수 없는 문제다.
- **인사 담당자와 상의하자:** 교육청 정책과 절차뿐 아니라 건강보험 관계

법령^{HIPPA}*과 기밀 유지법^{confidentiality laws}**도 적용된다는 점을 명심하자. 그러므로 전문가인 인사 담당자와 상의해야 한다. 문제에 개입할 때에는 노조 대표, 인사 담당자 및 상담원이 참석해야 한다.

· **관련 내용을 문서로 남겨두자:** 문서는 사실적이고 중립적이어야 한다.

스타 교직원

가능하다면 양산하고 싶은 유형의 교사들이다. 학교에 이런 유형의 교사가 많다면 당신의 직업은 그야말로 완벽 그 자체일 것이다. 이들은 스스로 시작하고 뭐든 열심히 하며 타고난 지도자인 동시에 창조적이다. 그리고 결코 불평하지 않는다. 그들은 해야 할 일을 적극적으로 할 뿐만 아니라 의무 이상의 일까지 해낸다.

· **과도한 부담을 지우지 말자:** 교육 현장에서는 학생들을 '잘 다룬다'는 이유로 뛰어난 교사들에게 까다로운 학생을 배치하는 경향이 있다. 단적으로 말해 '불평하지 않는' 교사들에게 남들이 원하지 않는 역

---

* 'Health Insurance Portability and Accountability Act(HIPPA)'은 건강 보험 양도 및 책임에 대한 법으로 1996년에 제정되었다. 의료 정보, 의료 및 의료 보험 산업에서 유지 관리하는 개인 식별 정보를 사기 및 도난으로부터 보호해야 하는 방법을 규정하고 의료 보험 적용 범위의 제한 사항을 해결한다.
** 기밀 유지법은 건강 관리 관련 개인 정보를 보호하기 위한 여러 법들을 말한다.

할을 부여한다. 이들의 능력을 쉽게 이용할 수 있는 것으로 여겨서는 안 된다.

- **끊임없이 칭찬하자:** 사람들이 직장을 떠나는 가장 큰 이유 중 하나는 충분히 인정받지 못하기 때문이다. 책상 위에 짧은 메모를 남기거나 구체적인 칭찬, 인정의 말을 건네면 그들의 기를 살리는 데 도움이 될 것이다. 불평하거나 갈등을 일으키지 않는다고 해서 괴롭지 않다는 뜻은 아니다.
- **유연성이 유연성을 낳는다는 점을 기억하자:** 이 유형의 교사들은 실수에 대해 융통성이 있고, 호의를 베풀면 꼭 그 이상을 베풀고자 한다. 대부분의 사람들은 살기 위해 일하는 것이지 일하기 위해 살지 않는다는 점을 기억해야 한다.

기량을 발휘하지 못하는 교직원

이 유형은 스타 교직원과 정반대로, 아주 평범하거나 최악의 경우 완전히 비효율적인 교사들이다. 그러나 이들의 부진한 실적에도 여러 이유가 있다.

- **부진한 원인을 찾자:** 특정 시점에 급격한 변화가 일어난 경우, 과거 성과나 업무 내용을 살펴보고 부진해진 원인을 찾아보자.
- **개인적인 사정이 있는지 알아보자:** 업무에 영향을 미칠 만한 개인적인

사정이나 일이 있었는지 알아보고, 이해하려고 노력하자. 그 사람의 개인적 삶에 간섭하라는 의미가 아니다. 그 사람에게 무슨 일이 일어나고 있는지 이해하는 것만으로도 문제를 해결할 수 있는 길을 찾을 수 있다.

- **가능한 모든 도구를 제공하자:** 학교 자체 연수를 통해 교사가 부족하다 생각하는 분야에 관한 도구나 아이디어, 안정적이고 지속적인 도움을 줄 수 있는 멘토 등을 제공하고, 이를 통해 학교 내부의 역학관계를 이해하도록 돕는다.

- **문제가 악화되지 않도록 주의하자:** 만약 효과적으로 업무를 수행하지 못하고 일 년 내내 이런 모습이 계속되면 더 깊은 수렁에 빠져들 것이다. 특히 정년보장*이나 승진과 같은 중요한 일을 앞두고 있다면 더욱 문제가 커진다.

변화를 두려워하는 교직원

이 유형의 교사들은 늘 불안에 시달린다. 실제든 상상이든 자신 앞에 놓인 모든 변화를 불평하고 걱정한다. 새로운 프로그램, 새로운 교육과정 혹은 새로운 학생이 전학 오는 경우 등 온갖 변화에

※ 미국 대부분 주에서는 일정한 수습 기간과 평가를 거쳐 교사 정년보장 계약을 하는데, 일례로 캘리포니아주에서는 2년 근무 후 평가를 통해 정규교사로 채용한다.

대해 걱정하고 불평하거나 새로운 변화를 감당하지 못해 감정적으로 무너져 내린다. 이 유형의 교사들과 어려운 대화를 나눌 때에는 다음 사항을 고려해야 한다.

- **괜찮을 거라는 확신을 주자:** 이 유형은 이미 해야 할 일이 꽉 차 있는 상태라 새로운 과제나 학생을 감당할 수 없다고 걱정을 많이 한다. 그러므로 발생할 수 있는 여러 문제에 대해서 선제적으로 논의한다.
- **경청하자:** 이들의 문제는 대개 해결하기가 어렵다. 그러므로 이들이 말하는 염려에 귀 기울여야 한다. 교육은 끊임없이 변화하고 바쁘게 돌아가므로 교육자들은 항상 새롭게 거듭나야 한다.
- **기다리자:** 이런 교사들의 초기 반응은 대개 불안감이다. 하지만 불안감이 가라앉은 뒤에는 새로운 변화를 매우 잘 다루는 경향이 있다.
- **교육하자:** 새로운 프로그램이 생기면 그에 따른 새로운 교육도 병행되어야 한다. 당연해 보이지만 항상 실행되지는 않는 부분이다. 적절한 훈련은 제공하지 않으면서 교사들에게 새로운 교육과정이나 프로그램을 강요하는 경우가 많다. 그러면 교사들은 걱정과 공포에 빠진다. 아주 기초적인 질문도 편하게 할 수 있는 적절한 훈련을 충분히 거치게 해주면 불안과 공포를 이겨내는 데 도움이 된다. 또한 이러한 연수는 학교 내에서 제공되어야 하며 프로그램의 개발 과정에 이 교사들이 참여할 수 있도록 한다.

희생자 교직원

학생들의 세계에 괴롭힘과 따돌림의 대상이 있는 것처럼 직장에도 이와 같은 집단 역학관계가 나타난다. 이 유형의 직원들은 항상 괴롭힘 당하고 있다고 느낀다. 학생, 부모, 무엇보다도 상사의 권위에 의해 괴롭힘 당하고 있다고 여긴다.

당신이 다가가면 이들은 스스로를 불쌍히 여기며 당신이 제공하는 피드백이 건설적이지 않다고 말할 것이다. 어떤 제안을 하더라도 이를 자신에 대한 직접적인 공격으로 받아들이고, 당신을 자신을 비난하는 사람이며 자기를 쫓아다니며 괴롭히는 사람으로 여길 것이다. 다음은 이러한 직원들과의 대화에서 신중하게 활용할 수 있는 방법들이다.

- **사람이 아닌 결과에 초점을 두자:** 이러한 교사들은 불편하고 어려운 대화 자체를 자신에 대한 공격으로 생각하고 감정적으로 반응하는 경향이 있다. 따라서 객관적인 결과를 중심으로 대화하도록 한다. 즉, 그들이 학교 일과 동안 산출한 것과 산출하지 못한 것 중심으로 말한다. 그들에게 미안한 마음을 느끼는 감정적 함정에 빠지는 것은 피해야 한다. 그렇게 되면 보다 큰 책임의 문제를 놓치게 된다.
- **생산적인 비평을 제공하자:** 당신이 그들에게 원하는 바를 구체적으로 말한다. 이 교직원들은 부정적인 것과 자신들이 잘못하고 있다고 인식하는 것만 집중해서 보는 경향이 있다. 이는 누구에게도 도움이

되지 않는다. 대신 '할 수 있는 일'에 초점을 두고 필요한 만큼 세세하게 말하라.

- **비판보다 칭찬으로 시작하자:** 이 교사들에게는 진정성이 있는 긍정적 피드백을 제공해야 한다. 이들은 헛소리 혹은 거짓 사탕발림을 아주 잘 알아채기 때문에 주의해야 한다. 따라서 진심을 담아 긍정적으로 피드백할 수 없다면 아예 하지 않는 것이 좋다.

남을 괴롭히는 교직원

남을 괴롭히는 교직원은 희생자 유형과는 정반대로, 앞서 언급한 강압적인 학부모와 비슷하다. 이 유형은 자기 마음대로 하기 위해서 완전히 경계선을 허물어버리고 언어적, 감정적으로 다른 사람들을 밀어붙이는 경향이 있다.

이들의 좌우명을 한마디로 정리하자면 '내가 원하는 것이 있다면 그게 뭐든 얻어낼 것이고, 방해가 되는 사람은 밀어내거나 뛰어넘을 것이다'라고 할 수 있다. 학교 뒷마당의 불량배처럼 항상 남을 험담하고 비웃는다. 자신의 말이 타인에게 상처를 줘도 "그냥 농담이었어"라고 말한다.

- **괴롭힘 때문에 곤경에 처할 수 있음을 알려주자:** 이들은 자신의 본성과 자아도취적 방식으로 인해 다른 사람들을 괴롭히거나 타인의 감정에

대한 고려를 거의 하지 못한다. 이 직원들은 직장 내 괴롭힘의 법적 정의에 대해 알아야 한다. 문제가 심각할 경우 징계 문제를 다루기 위해 인사 부서를 동원할 수도 있다.

- **강력한 경계를 설정하자:** 이 교직원들은 그들 자신과 그들이 원하는 것을 성취하는 데 필요한 것만 생각하는 경향이 있다. 이들은 뭔가 얻을 것이 있을 때에만 팀플레이어가 된다. 그런 만큼 원하는 것을 얻거나 더 나은 것이 생기는 순간 즉시 팀을 포기한다. 정상에 가기 위해서 다른 사람의 머리를 밟으면서 사다리에 오른다. 강력한 경계선이 없다면 그들은 오로지 자신이 원하는 것을 얻기 위해 수단과 방법을 가리지 않을 것이다.

- **행동에 대한 조치를 즉각적으로 취하자:** 이 교직원들은 항상 경계선을 시험한다. 일찍 가르치지 않으면 당신을 약자로 볼 것이다. 약하게 나가면 지거나 밀려나는 또 다른 희생자가 될 수 있다.

아부하는 교직원

이 유형은 항상 당신에게 아부하거나 기분을 좋게 해주려 노력하며 당신의 총애를 얻고자 무엇이든 하려 한다. 즉, 당신이 원하는 것은 무엇이든지 할 것 같은 그런 사람이다. 처음에는 단순한 아첨일 수 있다. 그러나 '아부꾼'은 항상 다른 의도나 목적을 가지고 있다는 점에 주의해야 한다. 어떻게든 승진하기 위해서일 수도 있고,

나중에 잘못된 일로 곤경에 빠질 경우에 대비하기 위한 것일 수도 있다. '단순히 호의를 베푸는 친절'을 넘어 그들의 행동에는 항상 다른 목적이 있다.

- **편애하지 말자:** 당신을 위해 애쓰는 것처럼 보이는 사람을 중시하고 싶은 것은 자연스러운 일이지만, 다른 교직원들이 지켜보고 있음을 명심해야 한다. 그렇지 않으면 나중에 다른 직원들의 도전적인 대화에 직면할 수 있다.
- **선물을 조심하자:** 수동적 공격성을 지닌 학부모와 마찬가지로 이들의 선물은 미끄러지기 쉬운 경사로와 같다. 이들의 관점에서 보면 선물을 받는 것은 그들과 결탁하고 있음을 인정하는 것이다. 또한 이제 그들과 친구가 되었고 도전적인 대화를 나누지 않을 것이라는 증표이다. 따라서 선물을 받으면 위계와 지휘 체계가 모호해진다.
- **직무와 관련된 것만을 칭찬하자:** 그들이 맡은 업무와 관련하여 일을 잘 수행했다면 업무에 한해서만 감사를 전한다. 당신이 그들과 한담을 나눌 때 그들을 칭찬하는 것은 피해야 한다. 이는 바람직하지 않은 행동을 강화시킬 뿐이다.
- **비즈니스와 사적인 즐거움을 혼동하지 말자:** 이런 유형의 교직원들과 학교 밖에서 만나는 것은 가능하면 피한다. 사회적 경계와 직업적 경계의 구별을 이해하지 못하는 경우가 많기 때문이다.

새내기 교직원

일반적으로 신임 교사는 관리자나 선배 교사가 가까이 다가오는 것을 달가워하지 않는다. 어려운 대화를 하게 될까 두려워 숨어지낸다. 새내기 교사들은 정년보장을 받지 못할 것에 대한 걱정 때문에 불안정한 지위에 놓여 있다. 따라서 상관의 기분을 상하게 하거나 문제를 일으킬 만한 일을 하지 않으려고 한다. 신임 교사들과 대화할 때 다음의 몇 가지 사항을 고려해야 한다.

- **대화를 미루지 말자:** 신임 교사의 행동과 습관이 더 깊이 뿌리내리기 전에 바로잡을 수 있도록 문제가 있다면 즉시 다루어야 한다.
- **구체적인 행동을 명시하자:** 신임 교사에게 해야 할 것과 그만두어야 할 것에 대해 구체적으로 말한다.
- **비평 또한 학습 과정의 일부임을 이해시키자:** 종종 도움을 주거나 조언을 하면 신임 교사가 '자신은 좋은 교사가 아니다'라는 식으로 생각할까 봐 걱정되어 쉽게 말을 꺼내지 못한다. 그러나 다른 교사들을 관찰하는 것, 노련한 교사로부터 아이디어를 얻는 것, 그리고 실수를 하는 것도 모두 성장 과정의 일부임을 신임 교사들이 이해하도록 하는 것이 중요하다.
- **개방성을 장려하자:** 경험이 부족한 일부 교사들은 교실 문을 닫고 혼자서 가르치려고 한다. 이들은 다른 사람의 도움을 받지 않기 위해 최선을 다할 것이다. 도움을 구하는 것은 나약함과 독립성 결여의

증거라고 생각하기 때문이다. 그러므로 학습 공동체를 통해 베테랑 교사와 적극적으로 만나도록 환경을 조성한다.

투덜거리는 교직원

이런 유형의 교직원은 어느 곳에서나 찾아볼 수 있다. 이런 교직원들은 절반가량 물이 담긴 유리잔을 보고 물이 반밖에 없다고 계속해서 불평할 사람들이다.* 또 물이 심각하게 부족한 사막 한가운데에서 모든 사람에게 비관주의를 퍼트릴 사람들이다. 이 교직원들은 항상 부정적인 면만 지적하고 자신과 팀 전체의 에너지를 고갈시키기 때문에 신경을 거슬리게 만든다.

- **만나는 시간을 제한하자:** 이들과의 대화로 당신의 기력이 모두 소진될 수 있다. 그리고 불행히도 이들과의 대화는 당신과 동료 교직원 그리고 그들 자신에게 이익이 될 만한 것이 아무것도 없다. 만약 이런 유형의 교직원과 대화를 계속한다면 부정적인 기류에 계속 빠져들게 될 것이다.
- **문제점보다는 해결책을 제안하도록 하자:** 이런 유형의 교직들은 문제점

---

* '컵에 물이 반만 치느냐 아니면 반이나 차 있느냐(Is the glass half empty or half full?)'라는 비유적 표현과 관련 있다.

을 찾아내는 데 달인이다. 대화에서 문제점을 이야기하기는 쉽다. 안락의자에 앉아서 쿼터백 노릇을 하듯이 당신에게 문제점을 말하는 것은 관련된 누구에게도 도움이 되지 않는다. 문제 찾기 대 문제 해결problem solving versus problem seeking 패러다임을 강요함으로써 해결 중심 국면으로 대화의 계기를 변화시킬 수 있다.

- **부정적인 분위기를 전염시키지 말자**: 그들의 말이나 행동을 사적인 성격으로 받아들이면 안 된다. 다른 동료들에게 피해를 줄 수 있기 때문이다. 부정적인 분위기가 다른 직원들에게 전염되지 않도록 차단할 필요가 있다.

- **그들의 불만을 아예 무시하지는 말자**: 이렇게 투덜거리는 교직원의 말을 들으면 대부분은 정말 위험하고 부정적인 상황인지 파악하기 위해 먼저 조사한다. 그다음 사실이 아니라는 것을 눈치채면 즉시 이들을 멀리한다. 그러나 한 가지 주의할 점은 정말로 학교 풍토가 나빠졌을 때 가장 먼저 경고음을 내는 사람 또한 이 유형이라는 것이다. 그러므로 근무 환경이 더 나빠지지 않도록 만들기 위해서는 이들을 가장 먼저 만나봐야만 한다.

경계가 불분명한 교직원

이 교직원들의 문제는 너무 많은 정보를 공유하는 것이다. 이들은 당신뿐만 아니라 다른 모든 이와 항상 너무 많은 것을 공유한다.

비유하자면 펼쳐진 책과 같다. 언제 책을 덮어야 할지, 어떻게 남들이 책의 특정한 부분에만 접근할 수 있게 하는지를 모른다. 이들은 친근함과 비전문성을 혼동하여 학생, 교직원, 학부모들에게 전문가답지 않은 정보를 전달한다. 이것은 스펙트럼의 한쪽 끝에서는 다른 사람들을 불편하게 만들 수 있고, 다른 쪽 끝에서는 괴롭히거나 선을 넘는 행위로 간주될 수 있다. 이 유형의 교직원들은 근무 시간 내내 상호작용하는 사람들 사이의 경계가 어디에서 시작되고 어디에서 끝나는지를 이해하지 못하는 경우가 많다. 이런 사람들을 대할 때에는 다음 사항을 고려해야 한다.

- **적절한 경계를 지키는 법을 보여주자:** 이들은 경계를 흐리는 데 휘말리기 쉽고 자신들의 개방적 본성을 친근감으로 착각하기 쉽다.
- **괴롭힘 문제에 대해 교육하고 주의를 기울이자:** 이 유형은 경계를 정하는 데 어려움이 있고, 어떤 때 선을 넘어서 다른 사람들의 민감한 부분을 침범하는지 깨닫지 못할 수 있다. 그들이 가벼운 유머나 농담으로 여기는 것이 본질적으로 적절하지 않고 과도하다고 인식될 때는 그들에게 직접 알려주어야 한다.

과장하는 교직원

이러한 유형의 교직원은 감정이 풍부하다는 점에서 희생자 유형과 다소 유사하다. 하지만 이 유형의 교직원들은 항상 학교에 하늘이 무너져 내릴 만큼 큰 문제가 생겼다고 언제든지 경고음을 울릴 준비가 되어 있다. 이들에게는 모든 것이 비상 상황이다. 모든 것을 과장하여 말하기 때문에 그들의 말에 공감하는 동료들의 에너지를 고갈시킨다. 이런 유형의 교직원들을 상대할 때에는 아래 내용을 기억하자.

- **침착하고 느긋하게 행동하자:** 그들은 눈치가 아주 빠르다. 당신이 무언가를 걱정한다고 느끼면, 그들도 이에 영향을 받아 더 걱정한다. 그리고 곧 학교 전체로 불안이 퍼진다.
- **지시 사항은 명료하게, 직접 전달하자:** 무엇을 기대하는지 방향성을 분명히 해주면 지나친 걱정은 하지 않게 될 것이다.
- **부분적인 정보를 전달하지 말자:** 정보를 모두 알지 못하거나 잠정적인 정보라면 말하지 않는 것이 좋다. 만약 그들에게 당신이 알고 있는 것의 일부 내용만 제공한다면, 그들은 당신이 무언가를 숨기고 있다고 믿으며 공포에 떨며 두려워한다.
- **교직원들이 느끼는 피로감에 주의하자:** 이들이 만들어내는 과장된 이야기를 듣고 일부 교직원은 동조할 수 있다. 그러나 대부분의 교직원은 그런 과장된 이야기를 계속 상대하기에는 너무 많은 에너지가 소모되므로 이들을 기피할 것이다.

교직원을 대하는 기본자세

'리더십은 권위를 행사하는 것이 아니라, 사람들에게 자율성을 부여하는 것이다.' – 베키 브로딘^{Becky Brodin}

교직원의 유형에 따라 다른 방식으로 관계를 맺을 수 있다. 하지만 교직원의 유형과는 상관없이 리더로서 지켜야 할 기본자세가 있다.

아래로부터의 목소리에 귀 기울이자

당신은 스스로를 '아랫사람들이 쉽게 접근할 수 있는 개방적인 지도자'라고 생각할지 모른다. 그러나 일반적으로 높은 위치에 있으면 조직에 잠재된 부정적 위기를 놓치기 쉽다. 왜 그럴까? 웨버 샌드윅^{Weber Shandwick}이라는 홍보 회사의 최고 전략가인 레슬리 게인즈로스^{Leslie Gaines-Ross}는 최고경영자와 그들의 경력에 대한 연구에서 "정상에 있으면 소통으로부터 단절되기 쉬우므로, 불편하게 느껴질 정도로 솔직한 피드백을 구해야 한다"라고 언급하였다.

실제로 학교 지도자는 교직원들에 의해 자연스럽게 고립되기 쉽다. 누가 고양이 목에 방울을 달고 싶어 할까? 상사에게 안 좋은 얘기를 전하고 싶은 사람은 없다. 그런 말을 한 사람에게 어떤 일이 생길지 우리도 뻔히 알지 않는가. 따라서 당신에게 솔직하게 말해줄 수 있는 교직원을 찾으려 노력해야 한다. 당신과 다른 안목을 가지고, 듣기 싫지만 꼭 필요한 쓴소리를 주기적으로 해줄 수 있는 이들을 찾아야 한다. 이렇게 하면 사소한 문제가 큰 문제로 번지는 것을 미연에 방지하는 데 도움이 될 것이다.

먼저 듣고 성찰하자

어려운 문제와 관련해서 교직원을 만나야 하거나 그들이 먼저 찾아왔을 때는 먼저 그 사람의 견해를 들어보자. 그러다 보면 보통은 당신이 동의할 수 있는 지점을 찾거나, 최소한 그 사람이 동의할 수 있는 부분을 알게 된다. 처음에는 당신의 의견을 말하거나 표현하지 않고 계속 들어주는 것이 좋다.

어려운 논의 후에는 주제의 무거움이 가라앉도록 침묵하는 것이 적절할 때도 있다. 때로는 침묵이 불편할 수도 있지만 쓸데없는 잡담이나 공허한 말로 시간을 때우는 것은 피해야 한다. 당신이 하는 말이 현재 나누고 있는 힘든 대화에 어떤 가치가 있는지 따져봐야 한다.

성급하게 판단하지 말자

리더십에 관한 문제에 있어서 사람의 생사가 걸린 경우는 드물다. 모든 것을 똑같이 위급하게 취급하다 보면 우선순위를 매길 수 없기 때문에 진짜 위기를 놓칠 수도 있다. 당신이 문제를 다룰 처지가 아니라면 직원에게 좀 더 생각할 시간이 필요하다고 알리자. 성급하게 판단하고는 나중에 후회하거나 생각을 바꾸어서는 안 된다. 일관성이 없고, 수시로 가치가 변하는 비전 없는 우유부단한 지도자, 감정에 따라 움직이는 지도자라는 나쁜 평판만 얻을 것이기 때문이다.

참고 문헌

∗ "Ellen Wittlinger." Ellen Wittlinger. N.p., n.d. Web. 16 July 2016.

교육의 큰 그림
이해하기

교육은 당신이 모르고 있었다는 사실조차 모르던 것에 대해 배우는 것이다.

- 다니엘 부스틴(Daniel J. Boorstin)*

학부모와 이야기하는 것은 결코 쉬운 일이 아니다. 특히 자녀와 자녀의 미래는 부모들에게 매우 민감한 문제여서 이에 대해 이야기할 때는 매우 조심해야 한다.

부모로서 우리 모두는 아이들에게 가능한 한 밝은 미래를 주기 위해 노력한다. 우리는 다음 세대에게 우리 때보다 더 밝은 미래를 물려주길 희망한다. 다음 세대가 괴롭힘 당하거나 슬픈 일을 겪지 않고 자신이 꿈꾸고 희망하는 일을 열정을 다해 추구할 수 있길 바란다.

교육자들이 학부모에게 자녀의 교육에 대해 의논할 것이 있다고 말하면, 학부모는 이를 결코 가볍게 받아들일 수 없다. 여기에는 우리가 인지하는 것보다 훨씬 더 많은 것이 포함된다. 우리가 의논하고자 하는 문제가 학부모에게는 오랫동안 마음 아파했던 문제일 수 있다. 왜 학부모들이 완강히 반대하거나 민감한 반응을 보이거나 심지어 노골적으로 화내는지 이해하기 위해서는 우리가 한발 물러서서 더 큰 그림을 이해해야 한다.

교육자로서 우리가 해야 하는 일은 점점 더 복잡해졌다. 교육과정과 평가 방법은 점점 더 빠른 속도로 변화하고 있다. 하지만 한 가지, 우리가 학생 그리고 학부모와 맺는 관계의 중요성은 변하지 않았다. 이는 지금까지 변하지 않았고 앞으로도 변하지 않을 것이다. 사람들 간의 직접적인 의사소통을 대체하는 것처럼 보이는 기술과 장치들이 새로이 만들어지고 있지만, 당신이 교육지로시 주변 사람들에게 제공하는 경청하는 귀, 친절한 말, 조언 등을 대체할 수 있는 것은 없다.

이 책을 읽어준 교육자들께 감사를 전한다. 당신이 교육자가 된 것은 돈을 벌기 위해서가 아니라 변화를 만들기 위해서일 것이다. 학부모와 지속적으로 협력하여 보다 훌륭한 다음 세대의 시민들을 조각하고 있는 당신에게 최고의 행운이 있기를 기도한다. 그리고 바쁜 와중에도 시간을 내어 이 책을 읽어준 것에 대해 다시 한번 진심으로 감사드린다. 책의 내용이 많은 도움이 되길 기원한다.

참고 문헌

＊ "Daniel J. Boorstin Quote." Brainy Quote. Xplore, n.d. Wed. 20 July 2016.

부록

부록 A

자기주장성 자기 평가

| 당신의 자기주장성은 어느 정도인가? |

우선 종이에 1부터 10까지의 숫자를 적는다. 그다음 숫자 옆에 각 질문에 대한 답(a, b, c)을 적는다. 모든 질문에 답한 후 평가지 뒤에 있는 결과 해설을 참조한다.

1. **식당에서 스테이크를 미디엄레어로 주문했는데 웰던으로 나왔다. 어떻게 하겠는가?**

   a. 웰던도 좋아하니까 그냥 먹기로 한다.

   b. 화내며 스테이크를 거부하고 지배인을 불러 부실한 서비스에 대해 항의한다.

   c. 웨이터를 불러 미디엄레어로 주문했다고 말하고 스테이크를 다시 만들어달라고 한다.

2. **어떤 상점에서 줄 서서 기다리는데 갑자기 어떤 사람이 당신 앞에 끼어들었다. 어떻게 하겠는가?**

a. 그 사람이 이미 줄에 들어왔으니 앞에 서 있게 그냥 둔다.

b. 그 사람을 줄 밖으로 끌어내어 뒤로 가게 한다.

c. 그 사람에게 새치기했다 말하고 줄이 어디에서 시작하는지 알려
준다.

3. **상점에서 물건 몇 가지를 사고 나온 후 거스름돈이 모자라는 것을 알았다.
어떻게 하겠는가?**

a. 이미 가게를 나왔고, 거스름돈을 덜 받았다는 증거가 없으니 그
냥 포기한다.

b. 지배인에게 가서 점원이 속였다고 알린 다음 모자라는 잔돈을
요구한다.

c. 점원에게 돌아가 잔돈이 부족하다고 알린다.

4. **아주 재미있는 TV 프로그램을 보고 있는데 배우자가 들어와 부탁한다. 어
떻게 하겠는가?**

a. 가능한 한 빨리 부탁을 들어주고 프로그램을 다시 시청한다.

b. 안 된다고 하고 프로그램을 끝까지 본다.

c. 프로그램이 끝날 때까지 기다릴 수 있는지 물어보고, 그렇다고
하면 프로그램이 끝난 다음 부탁을 들어준다.

5. **친구가 놀러왔는데 너무 오래 머물러서 중요한 프로젝트를 끝내지 못할
것 같다. 어떻게 하겠는가?**

a. 친구와 계속 시간을 보내고 프로젝트는 나중에 끝내도록 한다.

b. 친구에게 그만 귀찮게 하고 돌아가라고 한다.

c. 프로젝트를 끝내야 함을 설명하고 친구에게 다음에 다시 오도록
요청한다.

6. 주유소에서 3만 원어치의 휘발유를 넣어달라고 요청했다. 그런데 주유소
직원이 실수로 휘발유를 가득 채우더니 6만 원을 내라고 요청한다. 어떻게
하겠는가?

a. 휘발유는 이미 채워졌고 어차피 나중에도 필요할 것이기 때문에
6만 원을 지불한다.

b. 매니저를 만나 바가지 씌우는 것에 대해 항의한다.

c. 3만 원어치 휘발유만 넣어달라 했으니 3만 원만 지불하겠다고
한다.

7. 어떤 사람이 당신에게 원한을 품고 있는 것 같은데 그 이유를 모르겠다.
어떻게 하겠는가?

a. 그 사람이 화내는 걸 모르는 체하고 저절로 해결되길 바란다.

b. 당신에게 원한을 품어서는 안 된다는 것을 가르쳐주기 위해 그
사람에게 어떻게든 복수한다.

c. 그 사람에게 왜 화났는지 물어본 다음 이해하려고 노력한다.

8. 정비소에서 견적을 받고 차 수리를 맡겼다. 그런데 나중에 차를 찾으러 가

니 추가 작업이 있었고 수리비도 견적서에 있던 것보다 높게 나왔다. 이럴 때 어떻게 하겠는가?

a. 어쨌든 그 차는 추가 수리가 필요했던 것이 분명하므로 수리비를 지불한다.

b. 수리비 지불을 거절한 다음 소비자보호센터에 신고한다.

c. 정비소 주인에게 견적서에 있는 금액만 지불하기로 동의한 것임을 분명히 하고 그 금액만큼만 지불한다.

9. 저녁 파티에 친구를 초대하였는데 그 친구가 나타나지도 않고 약속을 취소하거나 사과하는 전화도 없다. 어떻게 하겠는가?

a. 이번에는 그냥 넘어가고 다음에 그 친구가 초대할 경우 똑같이 해준다.

b. 다시는 이 친구와 말을 섞지 않고 우정을 끝낼 것이다.

c. 친구에게 전화를 걸어 무슨 일이 있었는지 알아본다.

10. 직장에서 상사도 참석한 그룹 토의를 하고 있다. 직장 동료가 당신의 업무에 대해 질문했는데 답을 모른다. 어떻게 하겠는가?

a. 동료에게 거짓이지만 그럴듯한 대답을 주어 상사가 당신이 일을 잘 처리하고 있다고 생각하도록 할 것이다.

b. 질문에 대답하지 않고, 동료가 대답할 수 없는 것을 질문하여 공격할 것이다.

c. 동료에게 지금은 잘 모르니 나중에 알려주겠다고 말한다.

결과 해설

일반적으로 대인 행동에는 크게 세 가지 유형이 있는데, a. 수동적 유형, b. 공격적 유형, c. 단호한 유형이다.

a. 수동적 유형

수동적 대인 행동 유형의 특징은 문제를 해결하기 위한 적극적 행동을 취하지 않는 것이다. 이 유형의 사람들은 대체로 다른 사람들과 잘 어울리고 상냥한 편이다. 그러나 다른 사람들이 기분 상해할까 두려워 자신의 권리 주장을 꺼리는 경향이 있다. 이들은 드러내놓고 화를 내는 것을 매우 불편해하며, 보통 이런 감정을 부정하거나 억누른다. 결과적으로 분노가 내면에 쌓여 스트레스를 받고 긴장감을 느낀다. 수동적 유형의 사람들은 인간관계에서 자신의 권리를 다른 사람이 침해했을 때 자신을 적극적으로 보호하지 못하기 때문에 종래에는 다른 사람과 가까운 관계를 맺는 것을 두려워하게 된다.

선택지 a는 수동적 유형에 해당하는 행동방식들이다. 따라서 a를 많이 선택할수록 수동적 유형에 가깝다고 할 수 있다. a를 여섯 개 이상 택했다면 당신은 수동적 대인 행동 유형에 속할 확률이 높다.

b. 공격적 유형

공격적 대인 행동 유형의 특징은 다른 사람의 권리 침해에 신경 쓰지 않는다는 것이다. 이 유형의 사람들은 자신이 원하는 것을 추구하는 과정에서 자신의 행동이 다른 사람들에게 미칠 영향에 대해서는 개의치 않는다. 이들은 공격적이고 위압적인 태도로 다른 사람을 대하며, 자신의 말을 듣지 않는 사람들을 멀리한다. 이들은 다른 사람들이 자신의 권리를 침해하지 않을까 늘 의심하고 경계한다. 따라서 공격적인 유형의 사람들은 주변 사람들에게 스트레스를 유발하고 신뢰하며 배려하는 관계를 형성하기 어렵다.

선택지 b는 공격적 유형에 해당하는 행동방식이다. 따라서 b를 많이 선택할수록 공격적 유형에 가깝다고 할 수 있다. b를 여섯 개 이상 택했다면 당신은 공격적 대인 행동 유형에 속할 확률이 높다.

c. 단호한 유형

단호한 대인 행동 유형의 특징은 공정함과 강함이다. 단호한 유형의 사람들은 자신의 권리를 지킬 수 있으며 다른 사람들의 권리에 대해서도 민감하다. 이들은 대개 느긋하고 무난한 성향을 보이지만 자신의 감정에 대해서는 솔직하다. 스트레스를 최소화하고 친밀한 관계를 오래 지속하는 데 가장 좋은 대인 행동 유형이다.

선택지 c는 단호한 유형에 해당하는 행동방식이다. 따라서 c를 많이 선택할수록 단호한 유형에 가깝다고 할 수 있다. c를 여섯 개 이상 택했다면 당신은 단호한 대인 행동 유형에 속할 확률이 높다.

당신이 일상에서 c 선택지처럼 행동하면 자존감이 높아지고 스트레스가 주는 것을 경험할 것이다. 그러나 c 선택지가 언제나 최선은 아니다. 어떤 상황에서는 공격적인 행동이 필요할 수 있고, 또다른 상황에서는 수동적인 접근이 더 적절할 수 있다.

* HOW SELF-ASSERTIVE ARE YOU? USED WITH PERMISSION, © 1990, Donald A. Cadogan, Ph.D.[1]

참고 문헌

1) "HOW SELF-ASSERTIVE ARE YOU?" Assertiveness Quiz. Accessed March, 2016. http://oaktreecounseling.com/assrtquz.htm.

부록 B

....

갈등 관리 유형 검사
| 당신은 어떻게 갈등을 해결하는가? |

아래의 문장들은 다양한 갈등 관리 전략을 반영하고 있다. 각 문장의 전략이 자신의 갈등 관리 방법 기준에서 얼마나 바람직한지 다음의 척도를 사용하여 표시하시오.

1	2	3	4	5
전혀 바람직하지 않다	바람직하지 않다	보통이다	바람직하다	매우 바람직하다

_____ 1. 네가 내 등을 긁어주면 나도 네 등을 긁어줄게.

_____ 2. 둘이 언쟁할 때 먼저 말을 멈추는 사람이 가장 칭찬받아야 한다.

_____ 3. 부드러운 말이 굳은 마음을 설득할 수 있다.

_____ 4. 도망치지 않는 자가 적을 도망치게 만든다.

_____ 5. 우리 같이 이성적으로 따져보자.

_____ 6. 논쟁에서 물러나는 것보다 논쟁을 피하는 것이 더 쉽다.

_____ 7. 빵 반쪽이라도 없는 것보다는 낫다.

_____ 8. 올바른 결정은 다수에 의한 결정이 아니라 지식에 근거한 결정이다.

_____ 9. 오는 말이 곱지 않아도 가는 말은 곱게 한다.

_____ 10. 가장 강한 자의 주장이 언제나 가장 무게가 있다.

_____ 11. 계속 파고들면 진실을 알 수 있다.

_____ 12. 부드러운 말이 일을 쉽게 만든다.

_____ 13. 다른 사람을 당신처럼 생각하게 만들 수 없다면 당신처럼 행동하도록 만들어라.

_____ 14. 전투에 패하더라도 살아남아야 나중에 또 싸울 수 있다.

_____ 15. 공평하게 주고받아야 다툼이 없다.

_____ 16. 힘이 올바름을 이긴다.

_____ 17. '눈에는 눈'이 공평하다.

_____ 18. 친절한 말은 돈이 들지 않아도 큰 효과를 낸다.

_____ 19. 찾을 때까지 찾아라. 그러면 헛수고가 아니다.

_____ 20. 친절로 적을 죽여라.

_____ 21. 끝까지 웃음을 잃지 않는 사람이 언쟁에서 지지 않는다.

_____ 22. 노력하면 신뢰가 쌓여서 산도 움직일 수 있을 것이다.

_____ 23. 당신의 입장을 단호하게 지켜라.

_____ 24. 선물은 좋은 친구를 만든다.

_____ 25. 벌집을 건드리지 마라.

당신의 응답을 아래에 옮겨 적으시오.

다음은 각 문장의 번호이다. 각 문장에 대한 응답을 번호 옆에 적고 각 열별로 합계를 구하시오.

5		4		1		2		3	
8		10		7		6		12	
11		13		15		9		18	
19		16		17		14		20	
22		23		24		21		25	
1열		2열		3열		4열		5열	

각 열의 진술은 아래와 같이 갈등 관리 유형을 나타낸다.

1열 = 협력형; '윈-윈' 문제 해결 유형; 단호한 유형

2열 = 지배형; 강압적 유형; 공격적 유형

3열 = 타협형

4열 = 회피형; 물러서는 유형; 단호하지 못한 유형

5열 = 수용형; 원만한 유형; 수용적 유형

* Written permission granted by Cinnie Noble, CINERGY® Coaching, www. cinergycoaching.com[1]

참고 문헌

1) "CINERGY Coaching." *CINERGY Coaching. Web.* 02 March 2016.

부록 C

....

공격적 언행에 대한 자기 평가

| 당신은 얼마나 공격적으로 말할까? |

이 검사지는 당신이 다른 사람들에게 어떻게 영향을 미치려고 하는지 측정하기 위해 고안된 것이다. 각 문장을 읽고 자신에게 어느 정도 부합하는지 아래의 척도로 표시하시오.

1	2	3	4	5
전혀 맞지 않음	거의 맞지 않음	맞을 때도 있음	대체로 맞음	거의 언제나 맞음

_____ 1. 다른 사람의 아이디어를 공격할 때 그 사람의 지능을 공격하지 않도록 매우 주의한다.

_____ 2. 고집을 심하게 부리는 사람이 있을 때, 나는 모욕을 주어서라도 그 고집을 누그러뜨린다.

_____ 3. 나는 다른 사람들에게 영향을 주는 말을 할 때, 그들의 기분이 상하지 않도록 매우 조심한다.

_____ 4. 내 생각에 매우 중요한 일이 있다. 그런데 다른 사람이 합

당한 이유 없이 그 일을 수행할 것을 거절하면 나는 그에게 비이성적이라고 말해준다.

_____ 5. 다른 사람이 어리석은 짓을 하더라도 그들에게 아주 친절하고 부드럽게 대하려고 노력한다.

_____ 6. 내가 영향을 주려는 다른 사람들이 정말로 나쁜 소리를 들을 만하다면 그들의 인격을 공격한다.

_____ 7. 아주 형편없거나 부적절하게 행동하는 사람이 있으면 충격을 받아 적절한 행동을 하도록 만들기 위해 그들에게 모욕을 준다.

_____ 8. 나는 사람들의 생각이 어리석거나 어이가 없을 때에도 그들이 스스로에 대해 좋게 생각하도록 하기 위해 노력한다.

_____ 9. 나는 중요한 문제임이 분명함에도 아무 조치를 취하지 않는 사람들에게 화를 내며 다소 심한 말을 한다.

_____ 10. 사람들이 나의 단점을 비판할 때, 이를 기꺼이 받아들이고 앙갚음하려고 하지 않는다.

_____ 11. 나를 욕하는 사람이 있으면 그를 호되게 꾸짖고 이에 대해 통쾌하게 생각한다.

_____ 12. 내가 싫어하는 사람이 있어도 나의 말이나 말하는 방식에서 드러나지 않도록 하며 그들이 불쾌하게 느끼지 않도록 노력한다.

_____ 13. 아주 어리석은 짓을 하는 사람이 있으면 생각 좀 하라는 의도에서 놀려준다.

_____ 14. 나는 다른 사람의 생각을 공격할 때, 그 사람의 자아 개념이나 성격은 건드리지 않으려고 노력한다.

_____ 15. 나는 다른 사람에게 영향을 주려고 할 때, 그들이 불쾌하게 느끼지 않도록 많은 노력을 한다.

_____ 16. 비열하거나 잔인한 행동을 하는 사람이 있으면, 나는 인격을 공격해서라도 그들이 행동을 고치도록 한다.

_____ 17. 나는 인신공격과 관련된 논쟁에는 참여하지 않는다.

_____ 18. 다른 사람들에게 영향을 미치고자 이것저것 해보아도 별 효과가 없을 때는 고함을 질러서라도 그들이 내 말을 듣도록 한다.

_____ 19. 다른 사람의 주장을 반박할 수 없을 때도 그의 주장을 약하게 만들기 위해 계속 공격하여 수세로 몰아넣는다.

_____ 20. 논쟁이 인신공격으로 변질되면 나는 화제를 바꾸기 위해 매우 열심히 노력한다.

아래의 번호는 자기 평가 문항 번호이다. 각 문항에 대한 답을 빈칸에 적으시오.

① 다음 문항의 응답을 모두 더하시오. 2, 4, 6, 7, 9, 11, 13, 16, 18, 19

② 다음 문항의 응답을 모두 더하시오. 1, 3, 5, 8, 10, 12, 14, 15, 17, 20

③ 60에서 ②의 값을 빼시오: 60 - ②

④ ①의 값과 ③의 값을 더하시오: ① + ③

⑤ 아래의 설명을 보시오.

2	_____	1	_____
4	_____	3	_____
6	_____	5	_____
7	_____	8	_____
9	_____	10	_____
11	_____	12	_____
13	_____	14	_____
16	_____	15	_____
18	_____	17	_____
19	_____	20	_____

_____   _____

①   ②

59-100: 높은 수준의 공격적 언행

39-58: 보통 수준의 공격적 언행

20-38: 낮은 수준의 공격적 언행

* Written permission granted by Cinnie Noble, CINERGY® Coaching, www.
cinergycoaching.com[1]

참고 문헌

1) "CINERGY Coaching." *CINERGY Coaching. Web.* 02 March 2016.

부록 D

....

갈등 회복력 지수
(CQ: Conflict Resilience Quotient)
| 당신은 얼마나 갈등을 잘 다루는가? |

많은 사람들은 다른 사람들과 갈등을 겪으면 지나간 일에 대해 괴로워한다. '그 말을 하지 말았어야지' 또는 '다르게 말했으면 좋았을걸' 하고 생각하며 자책하기도 한다. 상대방을 탓하기도 하고 그 사람에 대한 감정을 떨쳐버리지 못할 수도 있다. 해결되지 않은 상처와 문제들에 대해 계속 고민할 수도 있다. 때로는 예전보다 상황을 더 악화시킬 수도 있고, 때로는 갈등의 충격을 억누르면서 상황을 최소화하려고 노력할 수도 있다.

갈등 회복력 검사는 당신이 갈등을 얼마나 잘 다루는지 이해하는 데 도움이 될 것이다. 갈등 상황이 발생했을 때 이에 대해 적절한 조치를 취하고 나면 이를 잊고 다른 일을 하는 유형인가 아니면 학부모나 교직원과의 문제 하나에 낙담해서 온종일 그 문제에 매달려 감정을 소진하고, 이 직업을 선택한 것이 맞는 것인지 회의적으로 돌아보는 유형인가?

다음 문장이 당신과 부합하는 정도를 표시하시오.
1(전혀 사실이 아님) ~ 5(매우 사실임)
대부분의 대인 갈등 후에 나는

보통 빨리 벗어나고 다른 사람이 내게 상처 주는 말이나 행동을 한 것에 대해 걱정하거나 고민하거나 집착하지 않는다.	1 2 3 4 5
다른 사람이 내게 상처 주는 말과 행동을 했어도 용서하고 원한을 품지 않는다. 내가 아직 용서할 준비가 되지 않은 경우라도 그 사람을 상대하는 것에 크게 신경 쓰지 않는다.	1 2 3 4 5
갈등 속에서 내가 배운 것을 성찰해보고 앞으로의 의견 불일치 상황을 처리하는 데 도움이 되도록 한다.	1 2 3 4 5
상대방과 화해하기 위해 손을 내밀거나 허심탄회하게 이야기하고 서로 간의 차이를 확인한다.	1 2 3 4 5
갈등 상황 중 내가 초래한 부분에 책임을 지고, 이런 상황을 만들지 않으려면 어떻게 했어야 했는지 생각한다.	1 2 3 4 5
이기적이고 왜곡된 방식으로 내 입장을 다른 사람들에게 이야기하지 않는다.	1 2 3 4 5
상황이 더 나아질 것이라는 희망을 갖고, 그러기 위해서 내가 무엇을 해야 할지 생각한다.	1 2 3 4 5
이제 그만 그 일은 떨쳐버리고 나 스스로를 희생자로 보거나 스스로에 대해 한탄하지 않는다.	1 2 3 4 5
상대방을 계속 부정적인 시각으로 보지 않는다.	1 2 3 4 5
다른 사람들에게 상대방의 험담을 하지 않는다.	1 2 3 4 5
모르고 있었지만 상대방에게는 중요할 수도 있었던 문제가 있었는지 확인한다.	1 2 3 4 5
상대방에게 내가 초래한 부분에 대해 사과한다.	1 2 3 4 5

비록 내가 동의하지는 않더라도 그 문제에 대한 상대방의 관점을 존중하고 더 잘 이해하게 된다.	1 2 3 4 5
상대방의 말이나 행동(또는 하지 않은 것)에 대해 비난하지 않는다.	1 2 3 4 5
내가 한 말이나 행동(또는 하지 않은 것)에 대해 스스로를 비난하거나 책망하거나 자기비하적인 행동을 하지 않는다.	1 2 3 4 5
합계	

점수 해석

15-39: 갈등에 매우 예민하다.

40-54: 갈등 회복력이 보통이다. 주의하라.

55-69: 갈등에 크게 개의치 않는다.

70-75: 갈등에도 전혀 끄떡없는 사람이다.

＊ Written permission granted by Cinnie Noble, CINERGY® Coaching, www.cinergycoaching.com

부록 E

....

양육 퀴즈

| 당신은 어떤 양육 방식을 가졌는가? |

1. **이웃 사람이 찾아왔는데 다섯 살 난 아들이 당신 뒤에 숨는다. 어떻게 하겠는가?**

   a. 수줍음을 탄다고 아이를 나무라고 인사하게 한다.

   b. 당장은 아이의 수줍음 타는 것을 모른 척하고 나이가 들면서 나아질 것으로 본다.

   c. 아이의 수줍음에 대해 사과하고 아직 어려서 그렇다고 설명한다.

   d. 당장은 아이의 수줍음은 모른 척하되, 아이가 이웃과 상호작용할 때마다 기쁘다고 표현한다.

2. **열 살 난 딸이 늦게 일어나 잠옷 차림으로 아침을 먹고 있다. 아이가 아침 식사를 마치고 옷을 입고 제시간에 학교에 가기에는 너무 늦었다. 어떻게 하겠는가?**

   a. 늦었다고 딸을 꾸짖고 저녁 활동을 제한한다.

   b. 딸을 학교에 늦게 가게 하고, 아이 스스로 선생님에게 말씀드리

든지 혼나든지 하도록 한다.

c. 딸이 식사하는 동안 옷을 입히고, 제시간에 학교에 데려다준다.

d. 집에서 옷을 입고 차에서 아침을 먹거나 집에서 아침을 먹고 차에서 옷을 입는 것 중에 딸이 스스로 선택하도록 한다.

3. **아들이 한 과목에서 D를 받아 낙담하고 있다. 어떻게 하겠는가?**

a. 아들이 성적을 올릴 때까지 TV를 치운다.

b. 다른 과목의 점수는 좋으니 아무 말도 하지 않는다.

c. 가장 좋아하는 음식을 차려주면서 아들을 위로한다.

d. 다른 과목에서는 좋은 점수를 받았으니 너무 실망하지 말라고 위로하고, 노력을 많이 한 점이 자랑스럽다고 말해준다.

4. **과체중인 딸이 있는데, 전화하는 남학생도 없고 학교 댄스파티에 같이 갈 상대도 없다고 당신에게 말한다. 어떻게 하겠는가?**

a. 딸에게 과체중이 아니면 남자애들이 전화할 것이니 다이어트를 하라고 말해준다.

b. 언젠가 좋은 남자친구를 만날 테니 걱정하지 말라고 말해준다.

c. 다른 사람이 어떻게 생각하든 나는 너를 사랑할 것이고 다른 사람도 너를 사랑할 것이라고 딸에게 말해준다.

d. 딸의 걱정에 공감해주되 남학생들에게 인기 있는 것과 단것을 계속 먹는 것 중 하나를 선택해야 한다고 말해준다.

5. 남동생이 게임에서 속임수를 썼다고 딸이 고자질한다. 어떻게 하겠는가?

a. 아들이 속임수 쓴 것에 대해 꾸짖고 장난감 하나를 일정 기간 못 만지게 한다.

b. 남동생이 어려서 그러니 무시하라고 말해준다.

c. 딸과 잠시 동안 놀아주고, 속임수를 쓰지 않아서 자랑스럽다고 딸에게 말해준다.

d. 속은 기분이 어떤지 잘 알지만 네가 동생과 잘 해결할 수 있을 거라고 믿는다고 딸에게 말해준다.

6. 아들이 집 안에 진흙 발자국을 잔뜩 남겨놓았다. 어떻게 하겠는가?

a. 아들을 야단치고 깨끗이 청소시킨다.

b. 사고였으므로 무시한다.

c. 남자애들은 다 그러니까 당신이 청소한다.

d. 아들에게 화가 났다 말하고, 집에 들어오기 전에 발을 깨끗이 닦고 들어오라고 말한다. 그다음에 바닥 청소를 어떻게 할 것인지 상의한다.

7. 아들이 저녁 식사 시간에 맞춰 집에 오겠다고 약속했지만 한 시간 늦게 도착했다. 어떻게 하겠는가?

a. 벌로 저녁 식사를 주지 않는다.

b. 아들이 이제 안전하게 집에 돌아왔으니 아무 말도 하지 않는다.

c. 아들에게 걱정을 많이 했다고 말한다.

d. 아들이 약속을 지키지 않을 때의 당신 기분을 아들에게 말한 다음 차가운 남은 음식을 먹게 한다.

8. 여섯 살 난 딸이 저녁 먹기를 거부한다. 어떻게 하겠는가?

    a. 음식을 먹은 다음에야 식탁을 떠나도록 한다.

    b. 아무 말도 하지 않고 딸이 저녁을 거르게 한다.

    c. 딸에게 좋은 음식을 먹는 것의 중요성에 대해 말해준다.

    d. 딸이 좋아하는 영양가 있는 다른 음식을 준다.

9. 아홉 살 난 아들이 저녁 식탁에 씻지도 않고 더러운 상태로 앉았다. 어떻게 하겠는가?

    a. 아들에게 더럽다고 말한 다음 씻도록 한다.

    b. 남자아이들은 항상 더러워지니 그 상태로 먹게 내버려둔다.

    c. 젖은 수건을 가져와 아들이 씻는 것을 도와준다.

    d. 밥 먹기 전에 항상 깨끗이 씻어야 한다는 가족 규칙을 상기시키고 깨끗이 씻을 때까지 아들의 밥을 치운다.

10. 열두 살 난 딸이 저녁 식사 전에 식탁을 차리기로 동의해놓고 막상 식탁 차리기를 거부한다. 어떻게 하겠는가?

    a. 식탁을 차리도록 한 다음 그날 밤 TV 보는 것을 제한한다.

    b. 어떤 아이도 완벽하지 않으므로 이를 무시한다. 그리고 딸이 커서 독립하면 식탁을 차리게 될 것이라고 생각한다.

c. 딸 대신 식탁을 차리되, 딸에게 다음부터 식탁을 차리면 정말 고마울 것이라고 말해준다.

d. 딸이 식탁을 차릴 때까지 저녁을 미룬다. 그래도 딸이 하려고 하지 않으면 배우자와 나가서 저녁을 먹는다.

결과 해설

좋은 양육의 밑바탕에는 아이들에 대한 사랑과 존중이라는 강력한 감정이 자리잡고 있다. 이런 감정들이 일상적인 양육에서 어떻게 나타나는가는 각 부모의 성격에 따라 달라진다. 부모들의 양육 방식은 a. 확고한/엄격한 유형, b. 느긋한/수동적인 유형, c. 보살피는/보호적인 유형, d. 유연한/민주적인 유형과 같이 크게 네 가지로 유형화할 수 있다.

a. 확고한/엄격한 유형

확고한 양육 유형은 부모의 강한 통제가 특징이며, 지휘하기를 좋아하는 사람들에게서 종종 이 유형을 찾아볼 수 있다. 이 유형의 일차적인 초점은 공손하고 순종적으로 행동하는 자녀를 기르는 데 있다. 자녀들이 부모를 존중하고 부모의 말을 별다른 이견 없이 그대로 따르기를 바란다. 이 양육 방식이 성공적으로 이루어진 경우 자녀들의 품행이 매우 바르며 부모는 이를 자랑스럽게 생각한다. 자녀들은 부모가 정한 규칙은 매우 확고하고 일관되어 부모와 규칙에 대해 협상할 여지가 없으며 규칙을 어겨서도 안 된다는 것을 잘 알고 있다.

그러나 극단적으로 엄격한 부모는 규율을 지나치게 강조해서 자녀들이 애정을 충분히 받지 못한다고 느낄 수 있다. 게다가 이런 부모 밑의 자녀들은 맹목적인 복종만을 배웠기 때문에 자신의 생각이나 감정을 표현하는 능력이나 갈등 해결 능력이 제대로 발달되지 않을 수 있다. 따라서 이러한 양육 방식은 어린 아이들이나 자존감이 부족해서 자기주장을 단호하게 표현하지 못하는 아이들에게만 제대로 효과를 낸다.

확고한 유형은 명확함과 일관성으로 자녀들에게 안정감을 심어줄 수 있다. 그러나 지나칠 때는 자녀들이 자기 주도적이며 책임감 있는 태도를 기르는 데 별 도움이 되지 않는다. 오히려 자녀들이 수동적인 태도를 가지거나 반항적인 태도를 가지게 만든다.

a를 8개 이상 선택했다면 당신은 확고한/엄격한 양육 유형에 속하는 부모일 확률이 높다.

b. 느긋한/수동적인 유형

느긋한 양육 유형의 대표적 특징은 아이들에 대한 '자유방임주의'적인 태도이다. 느긋한 유형의 부모들은 자녀들이 다양한 문제에 혼자 힘으로 대처하면서 자신들만의 속도로 발전할 수 있도록 해준다. 이런 가정의 자녀들은 통제된다거나 압박당하는 느낌을 가지는 경우가 거의 없다. 이들은 주변 세계를 살펴보고 헤쳐 나가는 능력을 갖추게 되어 창의적 행동을 개발할 가능성이 높다. 이 유형이 최적으로 작동한다면 가정에서의 스트레스가 별로 없어 모든 가족 구성원이 따뜻함과 편안함의 감정을 기를 수 있다.

그러나 이 양육 유형이 제대로 작동하지 않으면 부모가 자녀의 일에 적극적으로 개입하지 않고 '무엇이든 괜찮아'라는 태도를 보일 수 있다. 좀 더 과장하면 이런 부모들은 단순히 느긋하게 기다리는 것을 넘어서 자녀에게 무관심하며, 자녀가 하고 싶은 대로 하도록 방임한다. 이런 가정의 자녀들은 사회에서 살아가는 데 필요한 규칙, 경계, 규율 등을 배우지 못한다. 즉, 지나치게 느긋한 부모는 자녀에게 책임감 있는 행동을 가르치지 않으며 부모로서 매우 나쁜 롤모델이다. 이런 부모들로서는 자녀를 양육하는 데 많은 노력을 기울이지 않으므로 자신이 하고 싶은 것에 충분한 시간을 투자할 수 있다는 이점이 있다.

b로 응답한 문항이 8개 이상이면 당신은 느긋한/수동적인 양육 유형에 속하는 부모일 수 있다.

c. 보살피는/보호적인 유형

보살피는 유형의 부모는 모성적 양육의 특성이 강하게 나타난다. 이 유형의 부모는 최대한의 사랑, 애정, 따뜻함으로 자녀를 기르며, 또한 자녀도 자신에게 똑같은 사랑을 줄 것으로 기대한다. 이런 부모 밑의 아이들은 사랑과 보살핌과 보호를 받는다고 느낀다. 부모와 자녀 사이는 매우 돈독하며 서로를 돌본다. 자녀에 대한 사랑은 크고 비난은 적기 때문에 이런 유형은 자녀들의 자존감을 높이는 데 매우 효과적이다.

그러나 극단적으로 보호적인 부모는 자녀의 일에 너무 많이 관여하며, 자녀들을 계속 따라다니는 '헬리콥터 부모'가 될 수 있다. 자녀들을 애지중지 키우다 보니 자녀들이 제멋대로이고, 자신의 일을 스스로 알아서 처리하는 경우가 거의 없기 때문에 자신감이 결여되어 있다. 이런 아동들은 성인이 되어서도 불안정하고 의존적인 경우가 많다.

c로 응답한 문항이 8개 이상이라면 당신이 보살피는/보호적인 양육 유형에 속하는 부모일 수 있음을 시사한다.

d. 유연한/민주적인 유형

유연한 양육 유형은 행복한 아이들의 부모에게서 많이 보인다. 이 유형은 확고한 유형, 느긋한 유형, 보살피는 유형이 고르게 작동한다. 유연한 부모는 어떤 유형의 양육 방식을 보이더라도 극단으로 치우치지 않는다. 공정함, 상호 존중, 모든 가족 구성원들의 생각에 대한 개방성이 이 유형의 특징이다. 어떤 행동을 할 때는 행동에 따른 결과를 반드시 고려하여 행동할 것을 강조한다.

가족 규칙은 되도록 가족 구성원들이 협의를 통해서 만든다. 어떤 행동이 용인되고 어떤 행동은 해서는 안 되는 것인가는 최종적으로 부모가 결정하지만, 이러한 부모들은 자녀의 말을 경청하고 이성적인 한도 내에서 그들의 요구를 들어주려고 노력한다. 유연한 부모들은 자녀들을 권위로 누르는 것을 피하려고 노력한다. 하지만 부모들이 단호하게 결정하는 경우 자녀들은 부모의 말에 순응한다.

유연한 양육 방식의 단점은 어느 한 유형이나 원칙을 따르지 않고 상황에 따라 대응하기 때문에 자녀들이 일관된 규칙이 없다고 느낄 수 있다는 점이다. 하지만 이는 다른 측면에서 보면 부모들이 상황에 적절하게 합리적으로 반응할 수 있다는 장점이 된다.

유연한 양육 방식은 자녀를 가르치는 데 많은 시간과 인내와 의지가 필요하다. 그러나 이러한 가정의 자녀들은 일반적으로 바른 행동을 보이기 때문에 이들의 행동을 교정해야 할 일이 적어, 장기적으로 보면 시간을 절약한다고 할 수 있다.

d가 8개 이상이면 당신은 유연한/민주적인 부모일 가능성이 높다. 그러나 진정으로 유연한 부모라도 a, b, c 중에서 답을 선택할 수도 있다는 점에 유의해야 한다. d 같은 대응 방법만이 모든 가족 상황에서 효과적이고 적절한 대응 방법인 것은 아니다. a나 b나 c도 가족 상황에 따라서 적절한 대응 방법일 수 있다. 따라서 여러 답을 고르게 선택한 경우도 유연한 부모 유형에 속할 수 있다. 물론 다른 응답 양상을 보이는 부모라 하더라도 자녀들이 정서적으로 건강하

게 성장할 수 있는 가정 분위기를 만들 수 있다.

* WHAT TYPE OF PARENT ARE YOU? Used with permission © 1990, Donald A. Cadogan, Ph.D.[1]

참고 문헌

1) "WHAT TYPE OF PARENT ARE YOU?" Assertiveness Quiz. Accessed April, 2016. http://oaktreecounseling.com/assrtquz.htm.

학교의 가장 중요한 파트너

학부모와 더불어 일하기

초판 1쇄 발행 2020년 11월 30일

지은이 브렛 노빅
옮긴이 이혁규 강성우 이영아

발행인 김병주
출판부문 대표 임종훈
편집주간 이하영
편집 권은경, 김준섭
디자인 블랙페퍼디자인
마케팅 박란희
펴낸 곳 (주)에듀니티
도서문의 070-4342-6110
일원화 구입처 031-407-6368 (주)태양서적
등록 2009년 1월 6일 제300-2011-51호
주소 서울특별시 종로구 인사동5길 29 태화빌딩 9층
출판 이메일 book@eduniety.net
홈페이지 www.eduniety.net
페이스북 www.facebook.com/eduniety
포스트 post.naver.com/eduniety

ⓒ 브렛 노빅, 2017
ISBN 979-11-6425-077-6 13370
책 값 15,000원

문의하기   투고안내

이 책은 저작권법에 따라 한국 내에서 보호를 받는 저작물이므로 무단 전재 및 복제를 금합니다.